경청 없는 마인드맵 상담

김 민 수

교육과학사

여는 말

저는 30년 넘게 고등학교, 특히 전문계 고등학교 교단에서 학습 주제를 마인드맵으로 그리게 하는 방식으로 학생들의 창의적 사고와 문장 구사력을 길러온 교사였습니다. 늦깎이 상담사이지만, 이 책은 이론서가 아닌 현장에서 길어 올린 저의 절박했던 고민과 발견에 대한 고백입니다.

교실에서 만난 학생들의 마음은 종종 좌절과 불안이 뒤엉킨 실타래 같았습니다. 수업 중 마인드맵 가장자리에 그려진 상처의 흔적들을 보며, 학생들이 말로 다 표현할 수 없는 고통에 직면한 언어의 한계를 절감했습니다. 창원시 위탁상담소에서의 경험은 더욱 절실했습니다. 학생들은 '말'이라는 틀에 고통을 담아내기를 힘겨워했고, 깊은 공감은 때로 '감정 감염'이란 구조적 위험을 초래하여 상담사마저 소진시킬 수 있었습니다. 출산을 앞둔 지원센터 상담사가 스트레스를 미연에 예방차 휴직하는 모습은 그 현실을 아프게 확인시켜 주었습니다.

제 개인적인 경험, 특히 한국전쟁 후 아버지의 외상 후 스트레스 장애(PTSD)가 우리 가족과 저에게 남긴 깊은 상흔을 마인드맵을 통해 스스로 해소하고 치유했습니다. 이 과정을 통해 고통을 정면으로 객관화하는 법을 체득하였고 이 방법론의 우월적 효과에 대한 확신을 가질 수 있었습니다. 이 기나긴 치유의 과정은 우리 가족에게 아직도 끝나지 않은 6·25 한국전쟁의 긴 어둠을 떨쳐내는 여정이었습니다.

그래서 결심했습니다. 내담자의 내면을 경청하는 방식을 넘어, 제가 오랫동안 활용해 온 '디지털 마인드맵'으로 내면세계를 '함께 보고 함께 펼쳐보자'고 말입니다. 이 책은 바로 그런 결과물입니다. 이것은 경청(傾聽)을 생략하는 차가운 기술이 아닙니다. 오히려 언어의 불완전함에 기댄 위태로운 공감을 넘어, 내면 풍경을 객관적으로 비추는 "심리지도(心理地圖)" 위에서 더 깊고 안전한 '객관적 공감'에 이르도록 설계된 새로운 길입니다.

마인드맵 상담은 게임처럼 떠오르는 생각 조각들을 툭툭 던져놓는 과정에서 무의식의 문을 여는 열쇠가 됩니다. 흩어진 감정과 기억의 파편들이 스스로 연결되며 의미 있는 별자리(스토리)를 이루는 마법을 경험하게 될 것입니다. 고통을 밖으로 꺼내 객관화하는 순간(외현화, 外現化), 당신은 더 이상 고통의 피해자가 아닌, 자신의 삶에 의미를 부여하는 '자기서사의 저자(Author)'로 다시 태어납니다.

이 책은 정답 대신, 평생 자신의 마음을 돌볼 '생각하는 힘'을 길러줄 단 한 장의 지도를 선사하고자 합니다. 저의 오랜 경험과 통찰이 녹아든 이 방법론이 길 잃은 마음 곁을 지키는 상담사분들께 실용적인 도움이 되기를, 나아가 그 철학적 의미까지 함께 탐색하는 계기가 되기를 바랍니다.

이제, 당신의 "심리지도"를 펼칠 시간입니다.

-한 사람 군인이 전쟁터에서 살아 돌아오면
천천히 그 가정은 파괴되기 마련이다-

가엾은 참치
자투리 행복조차 불안해하였지
그래도 괜찮아
난 그 어둠을 떨쳐내고 있어
잘 익어가는 먹시감이 되고 있나봐~

천주산 앞의 유니시티 서재에서
2026년 1월 1일
저자 김민수 드림

차 례

제2부 "심리지도" 완성하기

제3부 자기 이야기 구조의 재구성

제4부 성장과 확장

마치며

제 1 부

새로운 상담의 길

제 1 장 왜 '경청 없는 상담'인가?

1-1. 서론: 경청이라는 성소(聖所)의 빛과 그림자

인간의 마음을 다루는 상담의 역사에서 '경청(傾聽)'만큼 절대적인 권위와 신성함을 부여받은 개념은 드물다. 그것은 단순한 듣기 기술이 아니라, 한 영혼이 다른 영혼에게 온전히 자신을 내어주는 신성한 의식으로 여겨져 왔다. 상담자는 언어와 비언어의 경계를 넘어 내담자의 모든 존재적 신호에 귀를 기울임으로써, 세상 누구에게도 이해받지 못했던 그의 고통을 끌어안는다. 이 깊고 온전한 수용의 경험 속에서 내담자는 비로소 마음의 빗장을 열고, 혼자 짊어지고 가던 무거운 어둠의 짐 덩어리를 공유하게 된다. 경청은 바로 이 기적을 가능케 하는 연금술이자, 치유가 시작되는 최소한의 공간, 즉 성소(聖所)였다.

이처럼 경청은 피상담자를 안정시키고 내면의 콤플렉스, 트라우마, 기타 문제점을 끄집어내어 라포르(Rapport)가 형성된 단계 이후에 본격적으로 문제를 듣기 시작하며 문제의 해법을 찾아가는 과정이다. 그 효과는 의사소통 능력을 향상시키고 대인관계의 신뢰를 바탕으로 진행되는 상담 내용의 만족도가 높으며, 따라서 문제 해결에 쉽게 다다를 수 있다는 매우 긍정적 장점이 있다.

그러나 이 절대적인 미덕의 이면에는 깊은 그림자가 존재한다. 이 경청(傾聽)의 과정에 도달하기까지 소요 시간, 라포르의 형성, 상담자의 정신적 피해나 방어의 준비 등 복잡한 양상을 띤다. 즉, 경청이라는 숭고한 빛이 밝을수록, 그 이면에 드리워지는 시간과 비용, 그리고 감정 소모라는 그림자 또한 짙어질 수밖에 없는 것이다. 이 책은 바로 그 누구도 온전히 들여다보려 하지 않았던 성소의 어두운 이면, 경청의 심연을 탐험하며 새로운 길을 모색하는 것에서부터 시작한다.

물론, '경청'은 단순히 수동적으로 듣는 행위를 넘어 내담자의 고통에 깊이 공감하고 수용하는 적극적인 태도를 포괄한다. 하지만 이 책에서 주목하는 것은, 특히 트라우마 상황에서 내담자가 자신의 경험을 언어적으로 구성하여 '진술'해야 한다는 전제와, 그 과정에서 발생하는 '진술의 고통' 및 상담사의 '감정 감염'[1]이라는 부분에서 드러나는 경청의 한계이다.

1) 감정 감염 관점에서 트라우마를 가진 내담자와의 간단한 허그(HUG)조차 바람직하지 않다고 본다. 내공이 깊은 상담자는 그렇다 치더라도 브레인스토밍 단계에서 나타나는 강한 필터링을 발견 시 내담자의 눈물과 감정 폭발 상태에서는 가벼운 허깅과 가벼운 악수조차 매우 신중해야 한다. 내담자의 기분을 상하게 하지 않는 수준에서 그쳐야 함은 마음이 곧 에너지장임을 이해하는 단계에서는 기본이다.

1-2. 진술의 고통: 언어의 감옥에 갇힌 내담자

경청의 성소(聖所)가 온전히 기능하기 위한 첫 번째 전제는 내담자의 '진술', 즉 말하기다. 그러나 우리는 이 행위가 내담자에게 얼마나 가혹한 폭력이 될 수 있는지를 간과해 왔다. 내담자가 느끼는 가장 큰 애로는 바로 "말하기가 힘들다"는 것이다. 트라우마는 본질적으로 언어의 질서를 파괴한다.

그것은 시간과 공간의 감각을 뒤섞고, 인과율의 논리를 붕괴시키며, 언어화되지 않은 감각의 파편들로 각인된다. 이 혼돈(Chaos) 그 자체인 내면의 경험을, 질서정연한 언어(Cosmos)의 틀에 맞추어 이야기해야 한다는 요구만큼 잔인한 것이 또 있을까? 내담자는 상담실에 들어서는 순간부터 보이지 않는 압박에 시달린다. 끔찍했던 기억의 파편들을 시간 순서대로 엮어내고, 뒤엉킨 감정들에 이름을 붙이며, 모순된 생각들을 하나의 일관된 이야기로 재구성해야 한다.

제4장에서 저희가 깊이 탐구하듯이, 베셀 반 데어 콜크 박사의 연구는 트라우마 상황에서 언어를 담당하는 뇌의 '브로카 영역'이 비활성화된다는 사실을 과학적으로 증명한다. 내담자가 말문이 막히는 것은 의지의 문제가 아니라, 뇌가 스스로를 보호하기 위한 생존 반응인 것이다. 따라서 그가 애써 꺼내놓는 이야기는 이미 이성의 파수꾼인 에고(Ego)에 의해 심하게 편집되고 각색된, 2차가공물일 수밖에 없다.

더욱 근본적인 문제는, 진술이라는 행위 자체가 또 다른 상처를 남길 수 있다는 점이다. '말하는 것'은 과거의 고통을 현재로 다시 불러내는 일이며, 이는 재경험(re-experiencing)이라는 또 다른 트라우마를 유발할 수 있다. 안전하다고 믿었던 상담실의 시간은, 끔찍한 기억을 되새김질해야 하는 고문의 시간이 된다. 내담자는 치유를 위해 말을 시작했지만, 그 말로 인해 더 깊은 상처를 입는 역설에 빠진다.

결국 많은 내담자들은 이 고통스러운 진술의 문턱을 넘지 못하고 상담을 중단하거나, 핵심을 비껴가는 주변적인 이야기만을 맴돌다 소중한 시간과 비용을 소진하게 된다. 경청은 준비된 자의 이야기를 듣기에는 더없이 훌륭한 도구지만, 아직 말할 준비가 되지 않은 침묵하는 영혼들에게는 또 다른 벽이 될 뿐이다.

1-3. 상담사의 심연(深淵): 공감의 대가와 '감정 감염'

경청의 가장 어둡고 깊은 심연은 바로 상담자 자신에게 있다. 공감적 듣기(Deep Listening)는 내담자의 고통스러운 감정과 경험의 파편을 상담자가 자신의 내면으로 여과 없이 그대로 받아들이는 과정이다. 내담자의 슬픔, 분노, 절망, 무기력은 여과 없이 상담자의 정신세계로 흘러들어온다. 이는 마치 오염된 물을 정화하는 필터와 같아서, 시간이 지날수록 오염물질이 축

적되어 결국 상담사 자신을 오염원으로 만들 수 있다. 이것이 바로 '감정 감염(Emotional Contagion)'의 실체이며, 내담자의 콤플렉스와 트라우마에 동기화되어 심리적, 정서적 장애를 겪는 현상을 말한다.

이는 단순한 직업적 스트레스나 소진(burn-out)과는 차원이 다른 문제다. 그것은 타인의 트라우마가 나의 트라우마가 되는 '대리 외상(Vicarious Traumatization)' 현상이다. 상담자는 내담자가 겪었던 끔찍한 사건들을 생생하게 전해 들으며, 마치 자신이 그 현장에 있었던 것처럼 유사한 심리적 충격을 경험한다. 밤에는 악몽에 시달리고, 일상에서는 알 수 없는 불안과 분노에 휩싸이며, 세상을 바라보는 관점 자체가 부정적으로 변해간다.

이러한 위험은 특히 공감 능력이 뛰어나고 헌신적인 상담자일수록 더욱 치명적이다. 그들은 내담자를 돕고자 하는 순수한 열정 때문에 자신의 정신적 방어벽을 허물고 기꺼이 내담자의 고통을 함께 짊어지려 한다. 그러나 인간의 정신이 감당할 수 있는 고통의 총량에는 한계가 있다. 전통 상담 모델은 이러한 상담자의 희생을 너무나 당연하게 전제해 왔으며, 그들의 고통은 개인적인 나약함이나 미숙함으로 치부되기 일쑤였다. 한 사람을 살리기 위해 다른 한 사람이 병들어야 하는 시스템이라면, 우리는 그 시스템 자체에 근본적인 질문을 던져야 마땅하다.

1-4. 대안의 제시: '보여주기'로의 패러다임 전환

우리는 지금까지 경청이라는 성소(聖所)의 깊은 심연을 탐험했다. 언어의 무게에 짓눌리는 내담자의 고통, 시간의 폭력 속에서 스러져가는 희망, 그리고 공감의 대가로 병들어가는 상담사의 영혼을 목도했다. 이제 우리는 단호하게 판단해야 한다. 기존의 방식만으로는 충분하지 않다. 우리에게는 새로운 길이 필요하다.

그 질문에 대한 답이 바로 '경청 없는 마인드맵 상담'이다. 이 기법은 전통적 상담의 패러다임을 근본적으로 전환하는 획기적인 기법이다. 내담자의 입을 통해 나오는 불완전하고 왜곡될 수 있는 '진술'에 의존하는 대신, 컴퓨터라는 비인격적 도구를 통해 내면세계를 직접 시각화하는 "심리지도(心理地圖: Psychological Map)"를 그려내는 방식이다. 이 방법론의 핵심은 '말하기(Telling)'에서 '보여주기(Showing)'로의 패러다임 전환에 있다.

여기서 "심리지도"란, 내담자의 기억, 감정, 생각의 조각들을 디지털 마인드맵 위에 객관적이고 시각적인 형태로 펼쳐놓은 내면세계의 도면을 의미한다. 이는 이후 단계에서 내담자와 상담사가 함께 탐색하고 재구성해 나갈 작업의 기초가 된다.

내담자는 더 이상 고통스러운 과거를 언어로 재구성해야 하는 부담을 지지 않는다. 대신 게임을 하듯, 혹은 놀이를 하듯 편안한 환경 속에서 자신의 기억과 감정의 조각들을 마인드맵 위에 하나씩 꺼내놓는다. 이 과정에서 라포르 형성을 기다리는 지루한 시간, 상담자의 정신적 소모, 내담자의 심리적 압박감 등 기존 상담이 가진 고질적인 문제들이 자연스럽게 해소된다. '경청 없는 마인드맵 상담'은 단순히 듣는 행위를 생략하는 차원을 넘어, 상담의 주도권을 내담자에게 온전히 돌려주는 혁신적 기법이다. 이제 우리는 듣는 상담의 시대를 지나, 함께 보고 함께 해결하는 새로운 무경청 상담의 시대로 나아가고자 한다.

제 2 장 마인드맵 상담의 이해

2-1. 토니 부잔의 '사고력 지도'

모든 혁신은 기존의 질서에 대한 근본적인 질문에서 시작된다. 우리가 생각을 표현하고 이해하도록 훈련받아 온 방식은 대부분 목록처럼 위에서 아래로 흐르는 선형적 사고(Linear Thinking)의 구조에 지배당해 왔다. 그러나 우리 두뇌의 본질적인 작동 방식은 하나의 중심 생각에서 수십, 수백 개의 다른 생각들이 방사형으로 뻗어 나가는 방사형 사고(Radiant Thinking)에 가깝다.

이러한 인간 두뇌의 본질적인 작동 방식을 그대로 시각화한 것이 바로 마인드맵이다. '경청 없는 마인드맵 상담'의 핵심 도구인 마인드맵(MindMap)은 영국의 교육 컨설턴트 토니 부잔(Tony Buzan)[2]에 의해 처음 개발되었다. 그는 이를 -기억과

---

2) Tony Buzan, Anthony Peter "Tony" Buzan(1942년 6월 2일-2019년 4월 13일)은 영국의 작가이자 교육 컨설턴트였습니다.
출처: Wikipedia, the free encyclopedia

공부에 대한 생각정리 기술-로 제안했는데, 중심에 위치한 주제어에서 방사형으로 나열되는 그림과 문자의 결합을 통해 생각을 정리하는 것이다. 이 기법은 새로운 아이디어를 창출하거나 복잡한 지식을 정리하는 데 최적화된, 인류 최고의 사고 방법 중 하나로 인정받았다.

이 책의 기본 의도는 토니 부잔의 생각지도(MindMap) 개념을 변형시켜 내담자의 마음 속 복잡한 심리적 갈등상태를, 눈으로 볼 수 있도록 시각화시켜 그려내는 "심리지도" 개념으로 응용하여 상담에 적용하는 새로운 방식으로 독자 여러분을 인도하는 것이다. 즉, 마인드맵은 본래 아이디어나 문제 해결에 사용되는 복잡한 지식을 정리하기 위한 사고력 지도(Ability to Think Map)로서 탄생한 것이지만 여기서는 "심리지도" 제작 기법의 도구로 적용한다.

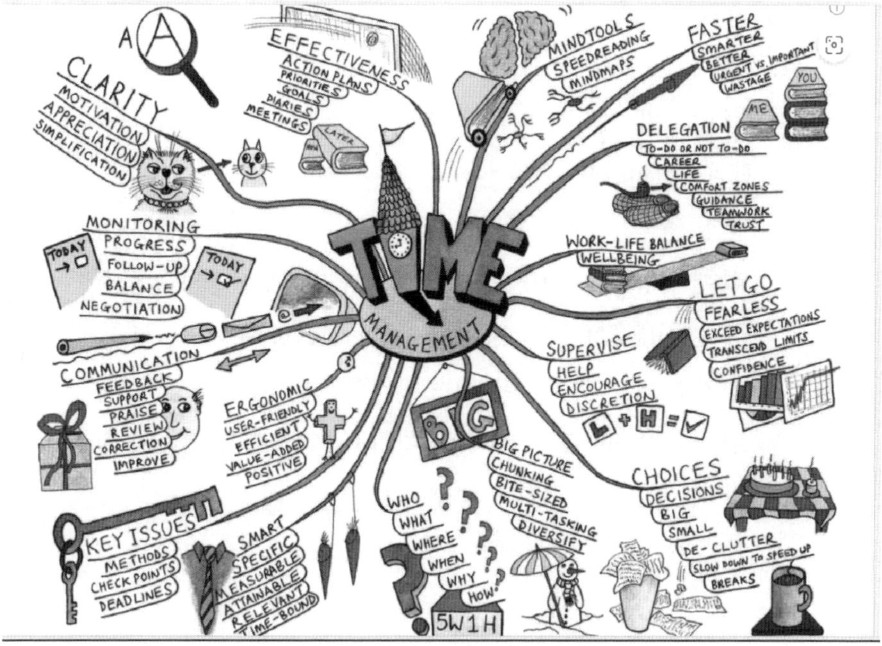

• 위 이미지는 토니 부잔의 마인드맵의 특성을 잘 보여주는 수제 맵(Map)이다. 가운데 [시간 관리]라는 주제어에 대한 16개의 특성들을 문장으로 설명하기보다, 이미지와 문자를 방사(放射)형으로 배치함으로써 훨씬 더 일목요연하게 설명이 아닌 보여주기의 직관적 효과를 발휘한다. 이러한 중심 주제어에서 여러 갈래로 생각이 뻗어나가는 이 방사형 가지 구조는 이후 우리가 만들 "심리지도"의 기본적인 형태가 될 핵심 원리에 해당한다.

※ 용어의 정의

1. 주제어: 위 이미지에서 가운데 〈TIME management: 시간 관리〉 타이틀을 주제어라 한다.
   - 핵심 정의: 상담의 중심 주제에 해당하며, 이 주제어의 정확한 설정과 압축이 브레인스토밍과 마인드매핑의 방향성을 제어(制御)하기 때문에 대단히 중요한 출발점이다.
   - 상징과 비유: 주제어는 내면 우주의 '태양'과 같고, 끝없는 안개 속을 비추는 '나침반'과 같다. 고통은 종종 이름이 없을 때 가장 강력하기에, 주제어를 정하는 행위는 이 혼돈에 비로소 -이름-을 붙여주는 신성한 의식이다.

2. 1차가지: 여기서 가운데 〈TIME management〉에서 문어발처럼 방사(放射)형으로 뻗어나간 16개의 하위 주제를 1차가지라고 부른다.

3. 브레인스토밍(Brainstorming) / 토출(吐出): 심리적 배설과 해방
   - 핵심 정의: 브레인스토밍(Brainstorming)은 가운데 주제어를 확정하고 (피상담자의 이름 혹은, 고통의 원인을 압축 기록한다) 무작위로 나오는 생각을 즉시 포착하여 기록하는 방법이다. 내담자의 심리 세계를 "심리지도"로 완성해 나가는 기초자료 수집 단계로, 시간제한 요법을 통해 주제어 범주 내에 존재하는 모든 갈등을 이미지화하는 도구적 의미로 사용한다. 즉 빠르게 내면에 내재(內在)하며 나를

괴롭히는 기억과 감정의 모든 요소들을 빠르게 마인드매핑으로 이미지화하는 작업이다.

4. 휘모리 요법: 시간제한 기법으로 브레인스토밍을 효과적으로 진행하는 방식이다.
   - 상징과 비유: '토출(吐出)'은 내면에 오랫동안 쌓여 있던 부정적인 기억과 억압된 감정들을 남김없이 쏟아내고 토해내는 행위다. 이는 심리적인 암(癌) 덩어리를 제거해 밖으로 꺼내는 상징적인 외과 수술과도 같다. 이는 구체적으로 노트북이나 PC를 통해 이미지화되면서 객관적 바라보기의 대상 자료를 모두 포착하는 적극적 행위일 뿐이다. 브레인스토밍에서 주제어에 대한 토출 행위는 구체적으로 1차가지들로 나타나는데 적게는 100개 내외, 심각한 경우 많게는 300개를 넘어 화면이 다 보여주지 못하는 대량의 요소들이 밖으로 나오기도 한다.

5. 1차가지에는 그림과 그에 속하는 하위 가지들이 배치된다.

6. 2차가지: 고양이가 있는 CLARITY: 1차가지 아래에 배치된 3개의 가지들 하나하나, 즉 MOTIVATION-APPRECIATION-SIMPLIFICATION 등이 해당한다.
   - 즉 1차가지는 2차가지들의 상위 개념 혹은 모(母)가지로서 개념을 가진다.
   - 디지털마인드맵은 이러한 모든 수작업이 컴퓨터 프로그램

으로 진행되기에 요즘 세대들, 특히 PC, 노트북 기반의 사고력이 특화된 세대들에 맞는 상담도구이다.

7. 그룹화(Grouping): 의미의 별자리를 찾아서
   - 핵심 정의: 주제어에 대한 브레인스토밍으로 1차가지만 100개 이상 생성되었을 때 이를 다시 소주제별(동일속성 중심- 같은 개념 등)로 묶는 작업이다. 위 이미지에서 각 1차가지가 그룹화되지 않은 가지는 없다.

     브레인스토밍된 1차가지들의 카오스 상태를 정렬하여 의미화(意味化)하는 방식이다. 그룹화의 반복과 재정렬을 통해 스토리를 형성하며, 이는 경청으로 구성된 이야기보다 왜곡되지 않은 거칠지만 생생한 의미를 보여준다.
   - 상징과 비유: 그룹화는 밤하늘에 흩어진 수많은 별들을 연결하여 '사자자리, 오리온자리' 같은 별자리를 찾아내는 과정과 같다. 각각의 별(1차가지)이 모여 하나의 형상(그룹)을 이룰 때 비로소 우리는 내담자 내면의 복잡한 이야기를 읽어낼 준비가 되었다는 뜻이다.

8. "심리지도(Psychological Map)": 내면의 엑스레이 사진
   - 핵심 정의: 브레인스토밍된 1차가지를 동일 속성으로 묶어주는 그룹화 단계를 통해, 핵심 키워드 그룹과 보조그룹들의 관계가 선명하고 일목요연하게 정리된 최종 맵(Map)을 말한다.
   - 상징과 비유: "심리지도"는 내면세계의 '엑스레이 사진' 혹

은 '지형도'와 같다. 엑스레이가 눈에 보이지 않는 뼈의 골절을 보여주듯, "심리지도"는 의식의 표면 아래 숨겨진 심리적 상처의 위치와 갈등의 구조를 명확하게 드러낸다. 때로는 문제의 확정단계를 지나 해법의 단서를 제공하기도 한다.

2-2. 저자의 관점: '말하기'의 한계와 '보여주기'로의 전환

우리가 마인드맵이라는 도구를 선택한 이유는, 전통 상담의 근간을 이루는 '말하기', 즉 진술(陳述)[3] 행위가 가진 근본적인 한계와 폭력성을 극복하기 위함이었다. 상담실을 찾은 내담자는 자신의 내면에 존재하는 혼돈(Chaos) 그 자체인 경험을, 상담사가 이해할 수 있는 질서정연한 언어(Cosmos)의 틀에 맞추어 이야기해야 한다는 보이지 않는 압박에 시달린다. 트라우마는 본질적으로 시간과 공간의 감각을 뒤섞고 인과율의 논리를 붕괴시키는데, 이 모든 것을 조리 있는 이야기로 재구성하라는 요구만큼 잔인한 것이 또 있을까? 이 과정에서 내담자의 내면세계는 무질서하게 말해지는 것이 아니고, 어느 정도 조리 있게 표현하려는 필터링을 거칠 수밖에 없다.

3) 일이나 상황에 대하여 자세하게 풀어서 이야기함. 또는 그런 이야기의 뜻으로 사용한다. 여기서 법적 공식적 용어로 민사소송과 형사소송에서 말하는 의미로 사용되지 않는다.

이 지점에서 우리는 상담의 패러다임을 근본적으로 전환할 필요성을 절감했다. 그것이 바로 '말하기(Telling)'에서 '보여주기(Showing)'로의 전환이다. 이는 단순히 듣기 과정을 생략하는 차원을 넘어, 내담자의 내면세계를 가감 없이, 있는 그대로 존중하는 새로운 방식의 제안이다. 내담자는 더 이상 고통스러운 과거를 설명해야 하는 부담을 지지 않으며, 상담자는 내담자의 진술 속 숨은 맥락을 재구성해야 하는 어려움에서 벗어난다. 즉, 내면세계가 가진 심리적 갈등을 '듣기'가 아닌 '그려내기'라는 접근 방법으로 바꾸는 것이다.

'보여주기'는 내담자의 내면에 존재하는 카오스 상태를 온전히 그대로 밖으로 브레인스토밍을 통해서 토출(吐出)하도록 돕는 과정이다. 시간제한 기법 속에서 쏟아져 나오는 기억의 파편들은, 고통으로부터 자신을 보호하려는 에고(Ego)의 검열과 필터링을 거치지 않은, 왜곡 없는 날것 그대로의 정보다. 따라서 이 "심리지도"는 내담자 자신도 몰랐던 이야기의 파편들을 담고 있으며, 우리는 이 왜곡 없는 지도를 바탕으로 비로소 가장 정확하고 빠른 치유의 경로를 찾아낼 수 있다. 이것은 단순한 기법의 차이가 아니라, 내담자의 고통을 대하는 가장 진실하고 인간적인 방식을 찾으려는 우리의 치열한 고민의 결과물이다.

2-3. "심리지도"의 탄생: 기억과 감정의 시각화

'보여주기'라는 새로운 목적 아래, 마인드맵은 더 이상 외부 지식을 정리하는 '사고력 지도'가 아니다. 토니 부잔의 마인드맵이 주로 '사고력(ability to think)'에 초점을 맞추었다면, 우리는 상담의 영역에서 '마인드(Mind)'의 핵심 개념을 단연 '기억(Memory)과 감정'으로 재정의한다. 심리적 갈등은 주로 장소와 사물, 인간관계에서 오는 불유쾌한 경험의 '기억'에서 비롯되기 때문이다. 따라서 필자가 제안하는 마인드맵은 아이디어를 펼치는 '사고력 지도'가 아닌, 내담자의 마음속 복잡한 심리적 갈등상태를 눈으로 볼 수 있도록 시각화시켜 그려내는 "심리지도(Psychological Map)"로 재탄생한다.

이 "심리지도"가 치유적 힘을 갖는 핵심 심리 기제는 '외현화(Externalization)'이다. 외현화는 내담자가 자신의 문제나 고통을 자기 자신과 동일시하는 상태("나는 우울한 사람이다")에서 벗어나, 그것을 외부의 객관적인 대상으로 분리하여 바라보도록 돕는("나를 힘들게 하는 우울감이라는 문제가 있다") 과정이다. 내면에 있을 때는 나를 압도하고 지배하던 감정과 기억들이, 밖으로 나와 화면 위의 객관적인 대상으로 존재하는 순간, 우리는 비로소 그것을 **다룰 수 있는 힘과 거리를 확보**하게 된다.

특히 마인드맵이 가진 시각적 외현화의 힘은 강력하다. 내담자는 자신의 고통스러운 기억들을 그저 쏟아내는 것에서 그치지 않고, 그것들을 직접 자신의 손으로 움직이고, 묶고, 재배치하며 의미를 부여한다. 이 과정에서 그는 자신의 내면세계가 고정불변의 실체가 아니라, 얼마든지 편집하고 재구성할 수 있는 대상임을 온몸으로 체득하게 된다. 이것이 바로 수동적인 희생자에서 자신의 서사를 써 내려가는 능동적인 창조자로 거듭나는 순간이며, 비로소 갈등을 길들이고 다루기(Control) 시작하는 치유의 전환점이다.

2-4. 의미의 발견: NLP 유목화와 '생각하는 힘'

브레인스토밍을 통해 쏟아져 나온 수백 개의 기억과 감정의 파편들은 그 자체로는 혼돈(Chaos) 상태에 머물러 있다. 이 혼돈에 질서를 부여하고 의미를 탄생시키는 과정이 바로 "그룹화(Grouping)"이며, 그 이론적 배경에는 신경언어프로그래밍, 즉 NLP(Neuro-Linguistic Programming)의 '유목화(Chunking)' 원리가 자리하고 있다. 그룹화란, 흩어진 기억의 조각들을 동일한 속성끼리 묶어 그룹 전체의 성격을 나타내는 제목을 붙여주는 작업이다.

예시: "NLP(Neuro-Linguistic Programming)의 '유목화(Chunking)' 원리는 마치 서랍 속 물건들을 종류별로 정리하고 그 서랍의 특성을 나타내는 이름표(예를 들면 '양말 서랍')를 붙여주듯, 흩어진 정보들을 의미 단위로 묶거나 나누는 정신 과정으로 쉽게 이해할 수 있다."

NLP가 '마음이 어떻게 작동하는가'에 대한 정교한 이론적 문법을 제공한다면, 마인드맵은 그 이론을 눈으로 확인할 수 있게 만드는 완벽한 '시각적 언어'가 되어준다. 전통 상담에서는 상담자가 내담자의 진술 속에서 맥락을 재구성해야 하지만, 마인드맵 상담에서는 그럴 필요가 없다. 왜곡되지 않은 심리 자료들이 눈앞에 펼쳐져 있고, 그룹화 과정을 통해 문제의 근본 원인이 스스로 드러나기 때문이다.

궁극적으로 내담자는 이 과정을 통해 흩어진 기억 속에서 패턴을 발견하고 문제의 본질을 꿰뚫는 '생각하는 힘'을 스스로 발현시키게 된다. 완성된 지도를 바라보며 '숙고(熟考)'하는 시간이 누적될수록 내담자의 생각하는 힘은 점점 증대된다. 상담자가 "생각하는 힘을 키우세요"라고 백 번 조언하는 것보다, 내담자 스스로 자신의 지도를 보며 숙고하는 단 한 번의 깊은 경험이 훨씬 더 강력한 성장을 이끌어내는 것이다. 이 힘을 통해 우리는 파괴된 내면을 수리하여 안전함을 되찾는 '온전함으로의 회귀'라는 상담의 최종 목표에 이르게 된다. 이 NLP의 유목화 원리는 조금 복잡하게 들릴 수 있지만, 이후 우리가 "심리 지도"를 통해 흩어진 기억 속에서 핵심 문제를 찾아내는 결정적인 열쇠가 된다. 제3장에서 구체적인 적용 과정을 자세히 살펴보겠다.

제 2 부

"심리지도" 완성하기

제 3 장 마인드맵 상담의 실제(상)

3-1. 준비단계: 라포르를 대체하는 도구

3-1-1. 도구와의 첫 만남: '놀아보기'를 통한 신뢰 형성

(1) 전통적 라포르의 한계 재조명

상담의 문을 두드리는 내담자는 각기 다른 문제와 사연을 가지고 있지만, 한 가지 공통점을 가지고 있다. 바로 '상처받은 마음으로 특히 그 상처가 대인관계에서 비롯된 것이라면, 새로운 인간관계인 상담사와의 만남은 그 자체로 하나의 거대한 도전이 된다. 전통 상담에서 치유의 전제 조건으로 여기는 '라포르(Rapport)', 즉 인간적 신뢰를 쌓는 과정이 이들에게는 넘기 힘든 벽이 될 수 있다.

내담자가 상담사를 온전히 신뢰하고 자신의 가장 깊은 속마음을 털어놓기까지, 짧게는 몇 주에서 길게는 수개월, 혹은 1년이 넘는 시간이 걸릴 수 있다. 유료로 진행되는 상담에서 이

기나긴 기다림은 상담 횟수의 누적으로 이어지고, 늘어나는 경비는 고스란히 내담자와 그 가족들에게 무거운 경제적 부담으로 작용하는 것이다. "정해진 시간 안에 성과를 내야 한다"는 압박감 속에서, 치유의 본질은 희미해지고 소모적인 줄다리기가 시작되는 것이다.

더욱 근본적인 위험은 '투사(Projection)'와 '역투사(Counter-transference)'의 가능성이다. 내담자는 상담사에게서 과거 자신에게 상처를 주었던 부모나 권위자의 모습을 보고 무의식적인 감정을 투사할 수 있는 것이다. 반대로 상담사 역시 자신의 해결되지 않은 문제나 감정을 내담자에게 역으로 투사하며 객관성을 잃을 수 있다. 이는 인간관계의 자연스러운 현상이지만, 상담의 본질을 흐리고 치유를 방해하는 심각한 장애물이 될 수 있다.

(2) '도구와의 라포르' 형성

마인드맵 상담은 바로 이 지점에서 근본적인 발상의 전환을 시도한다. 우리는 내담자에게 '나(상담사)를 믿으세요'라고 요구하는 대신, '이 과정(프로세스)을 한번 믿어보세요'라고 제안하는 것이다. 즉, 신뢰의 대상을 '인간'에서 '도구와 프로세스'로 전환하는 것이다. 이는 마치 짙은 안개 속을 비행하는 조종사가 자신의 감각이 아닌 계기판을 신뢰하는 것과 같다. 불안하고 불확실한 상황일수록, 인간의 주관적 감각보다 객관적인 도구와 검증된 절차가 보다 더 안전한 길을 안내할 수 있기도

하다.

이러한 신뢰 대상의 전환은 상담의 역학 관계를 근본적으로 바꾼다. 상담사는 더 이상 내담자의 감정을 온몸으로 받아내고 해석해야 하는 부담스러운 대상이 아니라, 내담자가 도구를 잘 사용할 수 있도록 돕는 유능한 '가이드'가 된다. 상담사가 한 걸음 물러섬으로써, 역설적으로 내담자는 더 안전한 공간을 확보하게 되는데, 특히 깊은 불신과 경계심을 가진 내담자에게, 감정을 드러내지 않고 묵묵히 자신의 역할을 수행하는 컴퓨터라는 도구는 인간 상담사보다 훨씬 더 안전하고 예측 가능한 대상으로 느껴질 수 있다.

이 새로운 라포르는 '발리섬 신혼여행 계획'과 같이 즐거운 주제로 '놀아보기'를 통해 형성된다. 내담자는 상담 주제가 무겁지 않은 쪽으로 옮겨가면서 당황하지만, 곧 자신의 욕망과 생각들이 판단이나 평가 없이 화면 위에 형형색색의 가지들로 펼쳐지는 것을 보며 생전 처음 느껴보는 이상한 해방감을 맛본다. 어지럽게 흩어져 있던 100여 개의 단어들이 '예약하기', '준비물', '추억쌓기'라는 몇 개의 깔끔한 그룹으로 정리되는 순간, 그는 탄성을 내뱉는다. '와… 내 머릿속도 이렇게 정리될 수 있지 않을까?' 이 경험을 통해 내담자는 이 도구가 자신의 복잡한 생각을 정리해 주는 유용한 존재이며, 이 과정이 어떤 평가도 없는 안전한 경험임을 온몸으로 체득하게 된다.

예) 발리섬 신혼여행 계획: 한글 문서로 브레인스토밍
• 경비조달, 여행사방문, 기간, 인도네시아, 호텔, 일정별 여행지, 항공권 예매, 왕복, 가이드? • 스쿠버예약, 인터넷 사이트 비교 검색, 여행사 없이 단체 혹은 개별 출발 • 먹을 것, 안전문제, 화산활동 점검, 소매치기?, 여권복사, 일정별 계획 수립, 캐리어 짐 싸기 • 출발, 1일차, 2일차, 3일차, 4일차, 복귀 • 교통편, 공항까지 픽업, 현지이동, 신혼여행 선물 • 준비물, 여권, 수영복, 샌들, 속옷, 겉옷, 상의, 팬츠, 선글라스, 일회용품, 비상약품, 양말 • 인터넷, 노트북?, 태블릿, 가격비교 • 추억쌓기, 사진관리, 동영상, 폰카로 충분, 캠코더?, 이벤트, 여가활용 • 환전, 일정별 소요 경비, 복귀 시 잔돈처리

다음은 브레인스토밍-1차그룹화-2차그룹화 순으로 마인드맵이미지를 보여줍니다. 도구는 여러 종류의 디지털 마인드맵이 유통되고 있지만, 여기서는 필자가 오랜 시간 함께 도구로 활용한 ThinkWise 마인드맵을 주된 도구로 하여 이미지를 만들어 사용한다. 특히 요즘은 AI 기반 마인드맵 프로그램도 나오고 있다.[4)]

4) ThinkWise와 EdrawMind 등 디지털마인드맵 도구도 AI 기반 마인드맵으로 진화하고 있다.

• 브레인스토밍

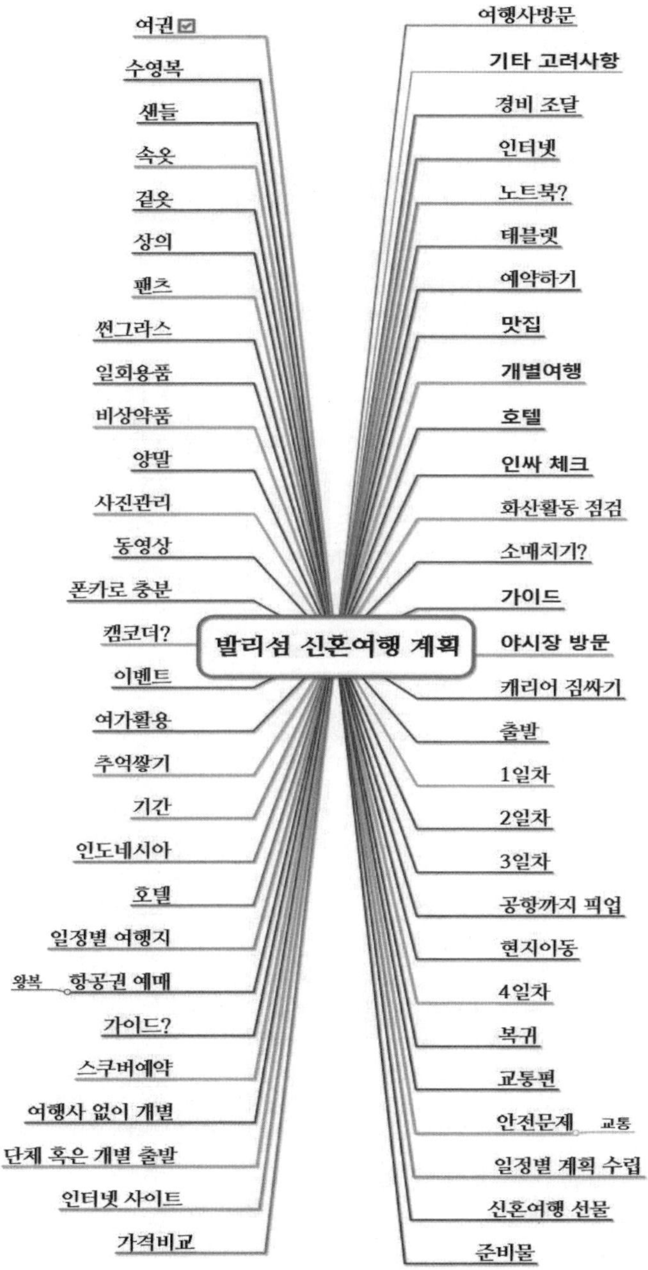
발리섬 신혼여행 계획
여권
수영복
샌들
속옷
겉옷
상의
팬츠
썬그라스
일회용품
비상약품
양말
사진관리
동영상
폰카로 충분
캠코더?
이벤트
여가활용
추억쌓기
기간
인도네시아
호텔
일정별 여행지
왕복
항공권 예매
가이드?
스쿠버예약
여행사 없이 개별
단체 혹은 개별 출발
인터넷 사이트
가격비교
여행사방문
기타 고려사항
경비 조달
인터넷
노트북?
테블렛
예약하기
맛집
개별여행
호텔
인싸 체크
화산활동 점검
소매치기?
가이드
야시장 방문
캐리어 짐싸기
출발
1일차
2일차
3일차
공항까지 픽업
현지이동
4일차
복귀
교통편
안전문제
교통
일정별 계획 수립
신혼여행 선물
준비물

• 1차그룹화

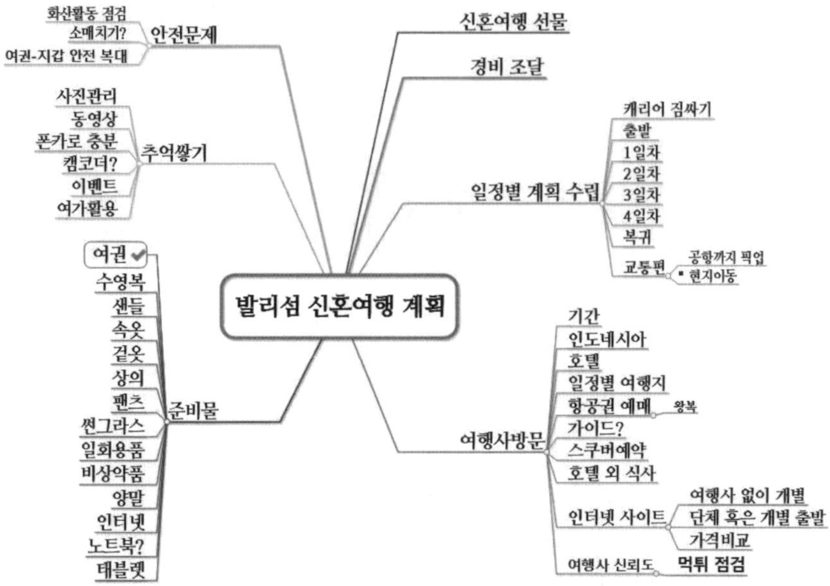

• 1차그룹화의 수정본

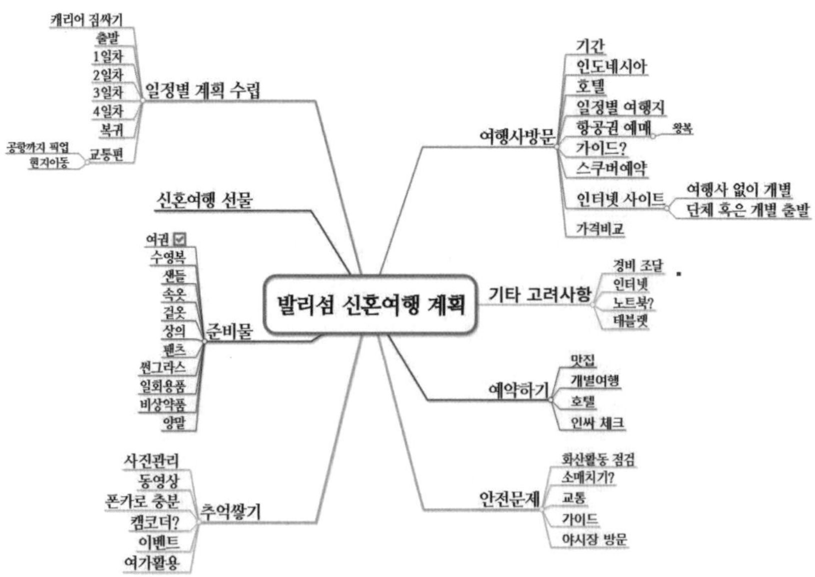

(3) 심리적 기제와 효과

컴퓨터라는 비인격적 도구가 어떻게 내담자에게 심리적 안전감을 줄 수 있을까? 그 핵심 기제는 바로 '판단하지 않는 거울'로서의 역할이다. 우리가 타인과 대화할 때, 우리는 끊임없이 상대의 반응을 살피고 그에 맞춰 자신의 표현을 조절한다. 상대의 미세한 표정 변화, 목소리의 톤, 고개의 끄덕임 하나하나에 우리는 영향을 받지만 컴퓨터는 반응하지 않는다. 내담자가 어떤 끔찍한 기억을 입력하든, 어떤 모순된 감정을 쏟아내든, 화면은 그저 그것을 텍스트와 이미지로 구현할 뿐이다. 이 '반응 없음'이 역설적으로 내담자에게 최고의 안전감을 제공하는 것이다.

평가의 두려움이 사라진 공간에서, 내담자는 비로소 자신의 내면을 있는 그대로 투영하고 탐색할 용기를 얻게 되는데 이에 비로소 심리적 방어기제라는 두꺼운 갑옷을 벗어던지고, 자신의 맨얼굴과 마주할 수 있게 되는 것이다. 바로 이 지점에서 이 장 전체를 관통하는 핵심 주제인 〈관찰자〉가 탄생할 수 있는 조건이 마련되는데, 컴퓨터라는 '도구와의 라포르'는 '경험하는 나'와 '바라보는 나(관찰자)'를 분리하는 첫걸음이기 때문이다.

'도구와의 라포르'가 형성되었을 때의 최종 결과물은 '객관성 안에서의 안전감 확보'이다. 내담자는 자신의 감정과 기억을 더 이상 자신과 동일시하지 않고, 화면 위에 존재하는 객관적인 '데이터' 혹은 '자료'로 분리하여 바라보게 된다. "나는 실패

자다"라는 고통스러운 자기 규정에서, "여기, 나의 실패 경험과 관련된 생각과 감정들의 지도가 있다"라는 관찰자 시점으로 전환되는 것이 매우 중요한 전환점이 된다. 이제 내담자와 상담사는 환자와 의사의 관계가 아닌, 하나의 지도를 함께 보며 최적의 경로를 찾는 두 명의 탐험가가 되는 것이다.

이처럼 객관적인 자료를 매개로 한 협력 관계는, 감정적 얽힘의 위험을 최소화하고 상담의 효율성과 안정성을 극대화함에 비해 전통 상담에서 상담의 성패는 상담자와 내담자 간의 인간적인 신뢰 관계, 즉 라포르(Rapport)에 달려있다고 해도 과언이 아니다. 그러나 제1장에서 깊이 논했듯이, 이 인간적인 라포르를 형성하는 과정은 때로 너무나 길고, 불안정하며, 때로는 상담자에게조차 위험한 과정이 될 수 있다. 마인드맵 상담은 이 패러다임을 근본적으로 전환한다. 우리는 '사람 대 사람'의 라포르가 형성될 때까지 마냥 기다리는 대신, '사람 대 프로세스(도구)'의 라포르를 먼저 형성하는 역발상을 시도한다.

3-1-2. 마음의 준비 운동: '끝말잇기'를 통한 두뇌 풀기

(1) 심리학적 원리: 이성의 파수꾼을 우회한다

내담자가 도구와 최소한의 신뢰를 형성했다면, 이제 본격적인 내면 탐험에 앞서 굳어있는 두뇌의 근육을 풀어줄 시간이 된다. 우리가 격렬한 운동 전에 스트레칭을 하듯, 심리적 브레인스토밍 전에는 정신적 스트레칭이 필요하다. 이것이 바로 '끝말잇기 매핑' 기법의 목적이다. 이것은 단순한 게임이 아니라, 우리의 뇌, 특히 논리와 분석, 자기 검열을 담당하는 전두엽의 활동을 의도적으로 우회하기 위한 매우 정교한 심리적 장치이다.

우리의 의식은 끊임없이 '이것이 말이 되는가?', '논리적인가?', '적절한가?'를 판단하는 이성의 파수꾼인 에고(Ego)를 항상 켜두고 있다. 이 파수꾼은 사회생활을 하는 데 필수적이지만, 무의식의 진실을 탐색해야 하는 상담에서는 오히려 방해가 된다. 끝말잇기는 그 파수꾼의 주의를 다른 곳으로 돌리는 유쾌한 속임수이다. 단어의 복잡한 '의미'가 아닌, '끝 글자'라는 단순하고 명확한 규칙에 집중하다 보면, 우리는 자연스럽게 연상과 직관이 지배하는 두뇌 상태로 전환된다.

이는 심리학자 카를 융이 사용했던 '단어 연상 검사'의 원리와도 맞닿아 있다. 특정 단어에 대한 즉각적인 반응을 통해 무의식의 복합체(Complex)를 탐색했던 것처럼, 끝말잇기는 이성적 통제를 벗어난 생각의 흐름을 시각적으로 드러내 준다. 즉, 좌뇌의 비판적 개입을 잠시 멈추고, 이미지와 연상 중심의 우뇌가 자유롭게 활동할 수 있는 통로를 열어주는 것이다.

(2) 실제 진행 가이드: 유쾌한 흐름을 만든다

상담사는 이 활동이 내담자에게 편안하고 즐거운 경험이 되도록 안내해야 한다. 먼저 새 마인드맵을 열고, 중심 주제어에 '두뇌 풀기' 혹은 '끝말잇기'라고 입력한다. 그리고 너무 무겁지 않은 중립적인 단어로 시작하는 것이 좋다. “자, ‘상담’으로 시작해 볼까요?”라고 첫 단어를 제시한다.

내담자는 스페이스바를 눌러 새 가지를 만들고, 끝말을 이어 ‘담벽’을 입력한다. 다시 스페이스바를 눌러 새 가지를 만들고 ‘벽돌’을 입력한다. 또다시 ‘돌멩이’ → ‘이발소’ → ‘소나무’ … 이렇게 꼬리에 꼬리를 물고 빠른 속도로 가지를 생성해 나간다. 이 과정에서 내담자는 머릿속에 떠오르는 생각을 재빨리 포착하여 시각화하는 기술을 자연스럽게 습득하게 된다.

이때 상담사의 역할은 매우 중요하다. 내담자가 너무 깊이 생각하려 하면, “괜찮아요, 생각나는 첫 단어를 바로 입력하는 게 중요해요!”라고 독려하여 분석 대신 직관을 사용하도록 유도한다. 이 과정은 심각한 분석이 아닌 즐거운 게임임을 계속 상기시키며 분위기를 가볍게 유지해야 한다. 무엇보다, 이 단계에서 나온 단어들을 심리적으로 분석하려는 유혹을 피해야 한다. 이 단계의 유일한 목적은 ‘흐름’을 만드는 것이다.

(3) 심리적 효과: 핵심 규칙을 각인시킨다

이 정신적 스트레칭을 통해, 내담자는 운동 직전의 몸풀기 체조처럼 긴장을 이완시키고, 본격적인 브레인스토밍에서 연상 작용을 극대화하는 결정적인 마중물을 붓게 된다. 이 활동의 가장 중요한 심리적 효과는 ‘판단 없이, 떠오르는 대로, 빠르게’라는 브레인스토밍의 핵심 규칙이 내담자의 몸에 자연스럽게 각인된다는 점이다.

내담자는 머리로 규칙을 '이해'하는 것을 넘어, 손가락으로 직접 '체험'하게 된다. '이렇게 해도 괜찮구나', '논리적이지 않아도 되는구나'라는 안전감을 느끼게 된다. 이는 이후에 진행될, 훨씬 더 깊고 어려운 자신의 진짜 문제를 다루는 브레인스토밍 과정에서 심리적 저항을 낮추는 매우 중요한 역할을 한다.

이제 내담자는 도구에 대한 신뢰를 얻었고(3-1-1), 자신의 생각을 판단 없이 꺼내놓는 훈련(3-1-2)까지 마쳤다. 그는 자신의 깊은 내면을 탐험할 최소한의 안전과 용기를 확보하게 된 것이다. 이제 상담의 진짜 여정을 시작할 준비가 거의 끝났다.

3-1-3. 무대의 설정: 상담의 규칙과 역할을 정의한다

(1) 역할 정의: 주인공과 안내자

본격적인 여정을 시작하기에 앞서, 이 무대의 주인공이 누구이며 안내자는 어떤 역할을 하는지 명확히 해야 한다. 전통 상담에서 내담자는 종종 자신의 문제를 해결해 줄 전문가를 찾아온 손님의 입장이 되기 쉽다. 그러나 마인드맵 상담에서 이 관계는 근본적으로 재정의된다. 상담사는 내담자에게 명확히 전달해야 한다. "모든 마인드매핑 작업의 주체는 당신 자신입니다. 저는 다만 마인드매핑의 가이드와 안내자일 뿐입니다."

이 규칙을 통해, 내담자는 수동적인 문제 기술자에서 자신의 내면을 탐험하는 능동적인 주인공으로 초대된다. 그는 자신의 손으로 내면의 지도를 그려나갈 것이며, 자신의 직관으로 그 의미를 발견할 것이다. 상담사는 길을 잃지 않도록 지도를 함께 읽어주고, 때로는 어두운 곳을 밝혀주는 손전등을 비춰주며, 위험한 구간에서는 안전 로프를 단단히 잡아주는 역할에 충실해야 한다.

이러한 역할의 재정의는 내담자의 주체성과 자기 효능감을 처음부터 끝까지 견인하는 가장 중요한 장치이다. 상담사에게 의존하는 대신, 스스로의 힘으로 문제를 해결해나가는 경험을 통해 내담자는 진정한 성장의 동력을 얻게 된다.

(2) 상담의 규칙: 안전과 허용의 언어

내담자가 용감하게 자신의 내면을 탐험하기 위해서는, 이 무대가 절대적으로 안전하다는 믿음이 필요하다. 상담사는 본격적인 브레인스토밍에 앞서, 다음과 같은 허용의 언어로 안전의 경계를 다시 한번 명확히 설정해 주는 것이 좋다. "이제 곧 당신의 마음속 이야기들을 꺼내는 작업을 시작할 겁니다. 이 과정에서 어떤 감정이 올라와도 괜찮습니다. 어떤 생각이 떠올라도 괜찮습니다."

"이곳에는 정답도, 오답도 없습니다. 오직 당신의 경험만이 존재할 뿐입니다." 이 제안은 내담자를 평가와 판단의 두려움으로부터 해방하게 된다. 그는 '옳은' 이야기를 해야 한다는 압박에서 벗어나, 자신의 내면에서 올라오는 모든 것을 있는 그대로 허용하고 존중하는 법을 배우기 시작한다.

마지막으로, 상담사는 내담자에게 통제권이 있음을 알려주어야 한다. “우리는 언제든 멈출 수 있고, 당신의 속도에 맞춰 나아갈 겁니다.” 이 약속은 내담자가 감당하기 힘든 기억의 파도에 휩쓸릴지도 모른다는 두려움으로부터 그를 보호하는 심리적 안전망이 되어준다. 이 세 가지 규칙이 합의될 때, 비로소 상담의 무대는 가장 깊은 진실을 마주할 수 있는 신성한 공간으로 거듭난다.

(3) 물리적 환경: 최적의 무대를 조성한다

심리적 무대만큼이나 중요한 것이 상담사가 물리적으로 조성하는 환경이다. 우리는 딱딱하고 권위적인 전통적 상담실의 이미지를 벗어던질 필요가 있다. 대신, 많은 한국인들이 사랑하는 스타벅스와 같은 커피숍처럼, 포근하고 창의적인 분위기를 조성하는 것을 목표로 해야 한다. 그곳에는 편안한 소파와 은은한 조명, 그리고 좋은 향기가 있으면 더욱 좋다.

내담자가 마주할 모니터는 그의 내면세계가 펼쳐질 캔버스이므로, 가능하면 크고 선명한 화면을 통해 자신의 “심리지도”를 한눈에 조망할 수 있도록 하는 것이 좋다. 키보드와 마우스는 내담자의 생각이 막힘없이 표현되도록 돕는 도구이므로, 부드럽게 작동하는 것을 준비해야 한다. 이러한 세심한 배려는 내담자가 치료받는 ‘환자’가 아니라, 자신의 삶을 설계하는 ‘창작자’로서 존중받는 느낌을 갖게 한다.

상담실은 외부의 소음으로부터 안전하게 보호되어야 하며, 따뜻한 색감의 조명과 편안한 음악은 내담자의 긴장을 이완시키는 데 큰 도움이 된다. 상담사와 내담자는 대립하는 구도가 아닌, 모니터를 함께 바라보는 협력적인 위치에 앉는 것이 좋다. 이 모든 물리적 환경은 "이 공간은 당신을 위해 준비되었습니다. 당신은 여기서 안전합니다"라는 가장 강력한 비언어적 메시지를 내담자에게 전달한다.

3-2. 1단계: 브레인스토밍-내면의 재료 꺼내기

3-2-1. 토출(吐出)의 철학: 주체적 정화와 날것의 재료 확보

(1) 토출의 철학: 주체적 정화와 심리적 배설

준비 단계를 마친 내담자는 이제 본격적인 여정의 출발선에 선다. 우리는 이 과정을 '토출(吐出)'이라는, 본질을 꿰뚫는 용어로 정의한다. 일반 상담에서 내담자는 고통스러운 기억 덩어리 전체를 재생해서 설명해야 하는 심리적 부담을 진다. 뿌리가 깊은 나쁜 기억은 나를 지배하고 결국 파괴할 것이라는 두려움 속에서, 그것을 다시 재생시키는 과정 자체가 또 다른 고통이자 힘든 과정인 것이다.

그러나 토출은 기억 덩어리 전체의 설명하기를 요구하지 않는다. 나쁜 기억들을 조각조각 끄집어내는 '밖으로 몰아내기' 작업이기에, 전체를 설명해야 한다는 심리적 부담이 없는 것이다. 브레인스토밍을 통해 나오면 나오는 대로, 올라오면 올라오는 그대로 재빨리 포착해서 밖으로 드러내는 작업, 이것이 바로 토출이다.

이처럼 브레인스토밍은 시간제한 속에서 올라온 나쁜 기억들, 다른 표현을 빌리면 그 자체가 심리적 암(癌) 덩어리인 것들을 배설해 내는 것이다. 이 심리적 배설 과정을 통해, 내면에 억압되어 있던 감정의 독소들이 빠져나가면서 내담자는 비로소 정신적 공간의 여유와 함께 문제의 해소(解消)를 경험하기 시작한다.

이러한 해소의 과정은 강력한 카타르시스(Catharsis)를 동반한다. 전통 상담에서 카타르시스는 주로 내담자의 '격정적 말하기'와 상담사의 '공감적 듣기'라는 상호작용을 통해 일어난다. 내담자는 자신의 고통을 격렬하게 토로하고, 상담사는 그것에 대하여 깊이 공감하며 받아줌으로써 내담자는 일종의 정화 과정에 해당하는 눈물을 흘린다.

하지만 이 과정은 상담사에게는 뜻밖의 '감정 감염'이라는 위험을 안겨주며, 내담자에게는 자신의 감정을 '이해받아야 한다'는 미묘한 압박감을 줄 수 있다. 그러나 토출이 만들어내는 카타르시스는 그 성격이 다르다. 그것은 타인의 공감을 통해 얻어지는 이차적인 정화가 아니라, 내면의 어둠을 자신의 손으로 직접 끄집어내어 객관화시키는 행위 자체에서 비롯되는 일차적이고 주체적인 정화이다. '어휴, 이제 시원하다'는 심경과 함께, 내담자는 비로소 문제 해결의 출구를 생각할 힘을 얻게 된다.

결론적으로, 토출은 전통적인 '공감적 듣기'를, '판단 없는 쏟아냄의 절대적 허용'이라는 새로운 방식으로 대체한다. 내담자는 더 이상 상담사를 설득하거나 이해시킬 필요가 없다. 그의 앞에는 오직 비난도, 동정도, 평가도 없는 '판단하지 않는 거울'만이 존재한다. 이 완벽한 안전 속에서 내담자는 자신의 가장 깊은 곳에 숨겨두었던 진실된 재료들을 꺼내놓는다.

이것은 에고(Ego)에 의해 정제되지 않은, 날것 그대로의 진실이며, 이 왜곡 없는 재료들을 확보하는 것이야말로 이후 그룹화 단계에서 진정한 통찰에 이를 수 있는 가장 중요한 전제조건이 된다. 이처럼 토출은 단순한 정보 수집 단계를 넘어, 그 자체로 깊은 치유적 의미를 갖는 이 상담 기법의 첫 번째 심장이라 할 수 있다.

경청 기반 상담에서 특정한 감정을 억제하며 마음에 들지 않는, 혹은 아직 준비가 덜 된 나만의 이야기 꺼내기와는 전혀 다르게, 내담자 스스로가 선택하고 즐기면서 시간과 상황을 조절해 가며 나만의 이야기 조각들을 천천히 이끌어내는 것이다. 즉 내가 스스로 내용을 선택하고 매핑하는 즐거운 작업이지만 일단 시작하면 매핑 작업에 불이 붙어 완전히 몰입하게 된다.

상담사는 이제 빠져도 좋으니까 안심하라 하고 "커피나 한잔 하고 올까요?" 하고 상담사는 빠져주는 이상한 상황도 여기서는 가능하다. 내담자는 이런 상황이 매우 이상하면서도 한편 자유로우며 긍정적이라고 느낄 것이다. 처음에는 적응하기 힘들고 어색하지만 혼자 컴퓨터 프로그램을 가지고 자기 마음속 고통스러운 기억을 고통스럽게 끌어내는 것이 아닌 작업을 하게 된다. 마음속 고통스러운 기억의 파편들을 신나고 다양한 색상의 가지들에 마인드매핑으로 끄집어내는데 '이상하게 재미있어지기 시작하네' 하는 특별한 경험을 시작하는 것이다.

(2) 토출의 방법: 이성(Ego)의 자동 조립 해체와 최소 단위 확보

'토출(吐出)'의 철학은, 전통 상담이 의존하는 '진술(陳述)'이라는 행위가 가진 근본적인 한계, 즉 언어화의 고통과 '이성의 파수꾼(Ego)'에 의한 2차가공을 정면으로 돌파하기 위해 설계되었다. 진술이 이성(Ego)에 의해 '2차가공'된 서사(Narrative)라면, 토출은 그 가공 이전에 존재하는 '기억의 원재료(Raw Material)'를 확보하는 작업이다.

이를 위해, '기억의 파편', 즉 '최소 단위의 언어'에 대한 가장 엄격하고 정교한 정의를 견지해야 한다. 우리는 흔히 '빨간 자전거'를 하나의 기억 조각이라 생각하기 쉽다. 그러나 이것은 이미 '빨간'이라는 시각적 감각(色)과 '자전거'라는 대상(物)이 이성의 '자동 조립(Automatic Assembly)' 기능에 의해 1차적으로 결합된 결과물이다. 이성의 파수꾼은 우리가 의식하기도 전에 이미 이처럼 파편들을 엮어 의미를 부여한다. 진정한 '토출'은 이 자동 조립마저 의식적으로 해체하는 것을 목표로 한다.

가장 순수한 '기억의 파편'은 '빨간' 그리고 '자전거'가 분리된 상태로 쏟아져 나오는 것이다. '병원 냄새'라는 파편 역시, '병원'이라는 공간적 대상과 '소독약' 혹은 '냄새'라는 후각적 감각이 철저히 분리되어 토출될 때, 비로소 날것 그대로의 원재료가 된다.

이것이 바로 '완성된 문장'을 철저히 배제해야 하는 가장 근본적인 이유이다. 문장은 이성(Ego)이 수행하는 가장 고도화된 조립 행위이다. 우리는 그 이전에, 감각과 대상을 분리하여 끄집어내야 한다. 이 '자동 조립'의 강력한 습관을 해체하는 유일한 엔진이 바로 '빠른 연상작용', 즉 '휘모리 요법'이다. 휘몰아치는 속도는 이성의 파수꾼이 습관적으로 감각과 대상을 엮어 '의미'를 부여할 틈을 주지 않는다. 그저 '빨간', '자전거', '병원', '냄새'라는 순수 파편들을 밖으로 쏟아내게 할 뿐이다.

결론적으로, '토출'은 이성의 무의식적 조립 행위를 의식적으로 멈추고, 왜곡되지 않은 순수 재료를 확보하는 과정이다. 이렇게 분리된 파편들은 다음 단계인 '그룹화(Grouping)'에서 비로소 〈관찰자〉의 의식적인 시선 아래 재결합된다. "왜 '빨간'과 '자전거'는 내 무의식 속에서 함께 떠올랐는가?" 이 의식적 재조립의 과정이야말로, 이성이 숨겨왔던 무의식의 연결고리를 발견하는 '통찰(Insight)'의 진정한 시작이다.

요약하면

실행 방법: 생각을 빠르게 포착해서 가지로 입력

- 중심어를 가운데로 한 방사형 생각과 기억의 파편을 배치
- 반드시 방사형으로 전개하는 가지 전개 방식을 준수
- 가지 입력: 명사, 형용사의 간단명료한 최소 단위 언어
- 완성된 문장, 어구의 형태는 브레인스토밍의 방식이 아니다. 조립 단계를 거치지 않은 상태의 파편이 중요
- 빠른 연상작용이 중요

이상 논의된 점을 마인드맵으로 구조화하면 다음과 같다.

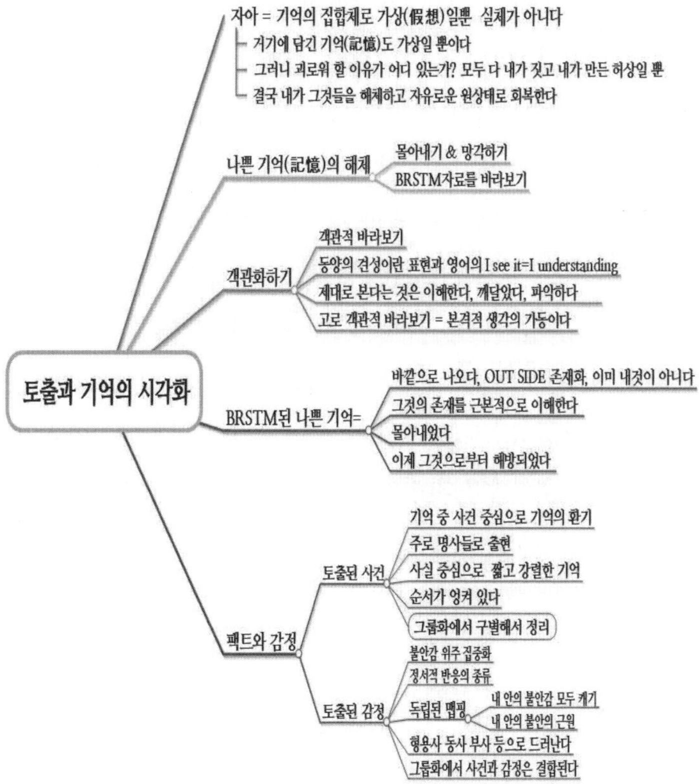

3-2-2. 휘모리 요법: 이성의 파수꾼을 우회하기

‘토출’을 가능하게 하는 엔진은 바로 ‘휘모리 요법’이다. 이는 한국 전통음악 판소리에서 가장 빠른 장단인 ‘휘모리’에 빗대어 명명한 것으로, 휘몰아치듯 빠르게 생각을 입력하게 함으로써 이성의 파수꾼(에고)이 개입할 틈을 주지 않는 시간제한 기법이다. 우리의 뇌, 특히 이성과 논리를 담당하는 좌뇌는 끊임없이 들어오는 정보를 편집하고, 순서를 정하며, 사회적 맥락에 맞게 필터링한다.

에고는 “이런 말을 해도 될까?”, “이건 너무 비논리적이야”라는 생각으로 무의식의 문을 닫아버린다. 휘모리 요법은 바로 이 좌뇌의 비판적 개입을 차단하고, 연상과 직관, 이미지 중심의 우뇌가 자유롭게 활동할 수 있는 통로를 열어주는 것과 같다.

타이머가 시작되는 순간, 내담자는 당황한다. ‘이렇게 빨리? 무슨 말을 쓰지?’ 하지만 상담사는 “생각하지 말고 그냥 손가락이 가는 대로 두세요!”라고 독려한다. 내담자는 이성의 통제를 포기하고 본능적으로 키보드를 두드리기 시작한다. ‘아버지’, ‘눈물’, ‘죄송함’, ‘빨간 자전거’, ‘병원 냄새’ … 머릿속 검열관이 따라잡지 못하는 속도로 단어들이 쏟아져 나온다. 내담자는 화면에 나타나는 단어들을 보며 놀란다. ‘내가 이런 생각을 하고 있었구나.’ 이것은 에고에 의해 정제되지 않은, 날것 그대로의 진실이다.

이처럼 휘몰아치는 장단 속에서, 내담자는 처음으로 자기 자신도 몰랐던 자신의 맨 얼굴과 마주하는 경이로운 경험을 하게 된다. 상담사는 이 과정에서 내담자가 속도에만 집중할 수 있도록 돕는 지휘자의 역할을 수행한다. 초기에는 '진양조(느리게)'처럼 1분에 20개 정도의 가지를 만들며 적응하다가, 점차 '휘모리(빠르게)' 장단으로 1분에 40개 이상을 목표로 속도를 올리도록 독려한다. 이 속도의 압박이야말로 에고의 방어벽을 허무는 가장 효과적인 도구이다.

• 교묘한 필터링 차단에 실패하는 케이스에 대응

휘모리 요법의 핵심인 시간제한 기법은 단순히 운영 효율성이나 정보 수집 속도를 위한 장치가 아니다. 이는 인간의 뇌 기능 분화와 기억 저장 메커니즘에 대한 뇌과학적 통찰을 전략적으로 활용한 심리적 비상 시스템이다.

좌뇌(Left Brain)의 논리적 필터링 우회: 우리의 좌뇌는 논리, 언어, 분석, 순서 등 이성적 사고를 담당하며, 상담에서 내담자의 '이성의 파수꾼(에고)' 역할을 수행한다. 내담자가 자신의 고통스러운 경험을 '완성된 문장'이나 '정제된 서사'로 만들려 할 때, 좌뇌는 이 과정을 주도하며 기억을 편집하고 미화하는 교묘한 필터링을 작동시킨다. 휘몰아치는 시간제한은 이 좌뇌의 비판적 개입이 완료될 시간적 여유 자체를 원천적으로 박탈한다. 즉, 시간제한은 좌뇌의 통제력을 일시적으로 정지시켜, 고통의 의미를 방어적으로 포장하는 습관적 궤도에서 내담자를 강제로 이탈시킨다.

• 우뇌(Right Brain)와 변연계(Limbic System)의 통로 개방

좌뇌의 논리적 검열이 차단되는 순간, 우뇌가 활성화된다. 우뇌는 이미지, 직관, 연상 등 비선형적 사고를 담당하며, 특히 감정과 트라우마 기억이 저장되는 변연계와 더 밀접하게 연결되어 있다. 트라우마는 본질적으로 언어 영역(브로카 영역)을 비활성화시키고 감각의 파편들(이미지, 소리, 냄새)로 변연계에 각인된다는 Bessel van der Kolk 박사의 연구는 이를 과학적으로 증명한다. 휘모리 요법은 바로 이 우뇌의 연상 통로를 강제로 개방하여, 언어화되지 않은 감각의 파편들을 날것 그대로 쏟아내도록 강제하는 뇌과학적으로 가장 정직한 기법이다.

• 자동 조립(Automatic Assembly)의 해체와 최소 단위 확보

뇌는 감각의 파편('빨간', '냄새')과 대상('자전거', '병원')을 자동으로 연결하여 '의미'를 조립하려는 습관을 가진다. 이 자동 조립은 고통에 대한 1차방어기제이다. 시간제한의 강력한 압박은 내담자의 이성이 이 조립 작업을 시작할 시간적 여유 자체를 주지 못한다. 따라서 내담자는 '빨간 자전거'와 같은 조립된 기억이 아닌 **'빨간'**과 **'자전거'**라는 최소 단위의 순수한 파편만을 토출하게 되며, 이는 왜곡 없는 심리적 원재료를 확보하는 가장 필수적인 전제 조건이 된다.

결론적으로, 휘모리 요법의 시간제한은 뇌의 자연적인 방어체계를 심리학적으로 우회하여, 트라우마 기억이 저장된 형태 그대로의 날것의 데이터를 확보하게 하는 최첨단 뇌과학 기반

의 심리적 비상 시스템이라 할 수 있다.

• 대책

교묘한 필터링 대처 전략: '무조건적 브레인스토밍'의 타당성

(1) 전략의 심리학적 근거: '안전지대' 구축과 '이완된 에고' 유도

교묘한 필터링을 사용하는 내담자는 심리적 안전에 대한 욕구가 극도로 높지만, 인간관계에 대한 불신과 자기 문제에 대한 통제 욕구 또한 강하다. 이들에게 하루 종일 '조건 없는 브레인스토밍'을 허용하는 것은 다음과 같은 핵심적인 심리적 이점을 제공하는 것이다.

- 에고의 이완(Ego Relaxation): 내담자가 '좋아하는 주제'로 매핑을 하는 것은 3-1-1. '놀아보기' 단계의 심화 확장이다. 이것은 브레인스토밍이라는 행위 자체를 '고통을 다루는 작업'이 아닌 '능력 발휘와 즐거움의 행위'로 재인식하게 한다. 이에 따라 에고는 공격받지 않는다고 판단하여 방어벽을 낮추게 된다.
- 습관의 전환(Habit Transformation): 하루 종일 반복되는 **무조건적 토출 행위**는 '**판단 없이, 떠오르는 대로**' 가지를 입력하는 행위를 **새로운 습관**으로 각인시킨다. 이는 끝말잇기 매핑의 심화된 형태이자, 곧 이어질 **휘모리 요법**의

속도와 규칙을 **몸으로 체득**하게 하는 강력한 예행연습이 된다.

- 통제권의 확인(Control Assurance): 내담자는 '상담사가 나를 강제로 끌고 가지 않는다'는 경험을 통해 **주도권이 자신에게 있음**을 재확인하게 된다. 특히 교묘한 필터링을 쓰는 이들은 통제 욕구가 강한데, 이 전략은 **통제권을 줌으로써 역설적으로 통제권을 해체**할 수 있는 기반을 마련하는 것이다.

(2) 휘모리 요법으로의 안전한 연결

이러한 '무조건적 브레인스토밍'의 성공은 다음 날의 **휘모리 요법**을 **심리적으로 안전하게** 작동시키게 됩니다. 무조건적 브레인스토밍을 통해 내담자는 마인드매핑 자체를 '즐거움과 안전'을 의미하는 행위로 체득하게 되며, 이로 인해 이성(Ego)의 방어벽이 느슨해집니다. 이러한 심리적 기반이 마련된 후, 다음 단계인 휘모리 요법은 시간적 압박을 통해 좌뇌의 비판적 필터링을 강제로 정지시키는 뇌과학적 우회 기제로 작동합니다. 따라서 이전 단계의 종일 이어진 무조건적 브레인스토밍을 통한 이완과 안전함의 인식은 휘모리 요법을 '공격'이 아닌 '자연스러운 다음 단계'로 둔갑시켜, 내담자의 심리적 저항을 극적으로 낮추는 안전한 교량 역할을 수행하게 됩니다.

(3) 결론

이전 단계: 무조건적 브레인스토밍	다음 단계: 휘모리 요법	연결점(Bridge)
• 행위: 이완과 안전 유도	• 행위: 강제적 필터링 정지	• 심리적 이점 및 효과
• 행위: 마인드매핑 자체가 수고를 즐거움과 안전을 의미하게 됨.	• 행위: 시간제한 속에서 고통의 파편을 쏟아냄.	• 도구와 과정에 대한 신뢰: 도구가 안전하다는 체득된 믿음.
• 속도/양: 느리더라도 많은 양의 파편을 입력하는 습관 형성	• 속도/양: 시간 압박 속에서 파편을 폭발적으로 토출	• 저항 감소: '생각하지 않고 손가락이 가는 대로 둔다'는 체화된 반응이 휘모리 속도에 대한 심리적 저항을 낮춤.
• 결과: 이성(Ego)의 방어벽이 느슨해짐.	• 결과: 좌뇌의 필터링을 강제 정지시킴.	• 효율성 극대화: 방어벽이 느슨해진 상태에서 속도 압박이 가해지면, 교묘한 필터링을 포함한 모든 방어기제가 무너질 확률이 극적으로 높아진다.

이 전략은 **휘모리 요법**을 '공격'이 아닌 '자연스러운 다음 단계'로 둔갑시키는 현명한 접근이다. 교묘한 필터링이 복병이라는 전제하에, 이 전략은 충분한 **시간과 양**을 투자하여 내담자의 **심리적 기반**을 먼저 다진 후, 뇌과학적 우회 기제에 해당하는 휘모리요법을 적용하는 가장 안전하고 효과적인 **우회 전략**

이 되는 것이다. 경청기반 상담에서 반복되는 첫마디 말을 떼기 시작하는 단계의 어려움을 여기서도 똑같이 재현하고 통과하는 것이 아니겠는가?

3-2-3. 유형별 실용 가이드: 유연함 속에 깃든 존중의 철학

모든 내담자가 키보드 타이핑에 능숙하거나 디지털 환경에 편안함을 느끼는 것은 아니다. 휘모리 요법의 절대 원칙(빠른 연상과 파편화)을 지키되, 내담자의 개별적 특성과 심리적 장벽을 존중하여 도구를 유연하게 적용해야 한다. 이는 단순한 배려가 아니라, "어떤 방식으로든 당신의 이야기는 소중하다"는 가장 깊은 존중의 메시지를 전달하는 행위이다.

(1) 음성 녹음 후 변환 방식: 언어의 폭력에서 해방

토출을 위한 브레인스토밍의 휘모리 단계에서 컴퓨터 타이핑 속도가 느리거나, 글보다 구술(口述) 중심의 사고방식을 가진 내담자에게 효과적이다.

- 심리적 안전판: 내담자는 "말로 하셔도 괜찮다"는 상담사의 허용에 깊은 안도감을 느낀다. '말하는 속도'에 집중하게 되면, '말의 논리적 완성도'에 대한 이성(Ego)의 필터링이 약해진다. 이는 '생각의 속도가 타자의 속도보다 훨씬 빠르

다'는 점에 착안한 기법으로, 억지로 언어의 틀을 만들려는 수고 없이, 무의식적 연상 자료를 가장 편안하게 토해내도록 돕는다.

- 기술적 장벽 해소: 녹음된 내용은 추후 텍스트로 변환하여 마인드맵에 옮기면 되므로, 기술적 장벽으로 인해 토출하는 과정이 위축될 필요가 전혀 없다.

(2) 수제 마인드맵: 아날로그적 안정감의 확보

디지털 세계가 낯선 노년의 내담자나, 손으로 직접 그리는 행위에서 정서적 안정감을 느끼는 예술적 성향의 내담자에게 훌륭한 대안이 된다. 여기에서도 점차 시간제한 요법을 적절히 배분하여 적용한다.

- 정서적 몰입: 커다란 스케치북과 색색의 펜을 건네고 자유롭게 마음을 그리도록 안내한다. 손으로 종이에 그리는 행위 자체가 주는 아날로그적이고 예측 가능한 안정감은 내담자의 긴장을 이완시키고, 에고의 방어를 자연스럽게 낮춘다.
- 비언어적 심층 표현: 글자뿐만 아니라 간단한 그림이나 기호를 통해 감정을 표현할 수 있어, 언어화가 불가능했던 비언어적 트라우마 기억이나 감각의 파편을 담아내기에 용이하다. 이는 베셀 반 데어 콜크가 지적했듯, 언어 중추가 아닌 감각으로 저장된 트라우마 기억을 존중하는 방식이다.

(3) 일상 속 메모 활용: <관찰자>의 확장 훈련

상담실 밖에서 발생하는 기억과 감정의 조각을 포착하는 '메모 활용'은 모든 내담자에게 권장되어야 할 가장 중요한 일상적 훈련이다.

- 필터링의 우회: 운전을 하거나 샤워를 하는 등, 이성의 파수꾼(좌뇌)이 가장 이완된 상태에서 문득 떠오르는 생각이나 감정의 조각들은 왜곡되지 않은 날것의 자료일 가능성이 높다. 이러한 '순간의 포착'을 스마트폰 메모 앱이나 작은 수첩에 즉시 기록하도록 안내한다.
- 관찰자 훈련: 이 행위는 내담자가 자신의 마음을 외부에서 객관적으로 바라보는 습관을 기르게 하여 〈관찰자〉로서의 힘을 일상 속에서 키우도록 돕는다. 이렇게 수집된 자료들은 다음 상담을 위한 왜곡 없는 심리적 원재료가 된다.

3-2-4. 돌발 상황 대처법: 저항과 감정을 치유의 데이터로

브레인스토밍은 내담자의 무의식을 직접 마주하는 강력한 과정인 만큼, 예상치 못한 심리적 저항과 감정적 폭발이라는 돌발 상황이 발생하기 쉽다. 상담사는 당황하지 않고 이 모든 과정을 '안전하게 담아내는 그릇'이 되어주며, 저항마저 치유의 데이터로 전환하는 유연성을 보여주어야 한다.

(1) 생각이 막힐 때: '실패'를 '객관적 데이터'로 전환

내담자의 머릿속이 하얗게 비어버리는 순간, 그는 '나는 이것조차 제대로 못 하는구나'라는 자책감에 빠진다. 이 자책감은 에고의 방어가 '무력감'이라는 형태로 전환되어 나타나는 심각한 저항이다.

- 상담사의 태도: 상담사는 먼저 "괜찮습니다. 생각이 막히는 건 아주 자연스러운 현상이에요"라고 말하며 정상화와 허용의 태도를 보여주어야 한다.
- 해결 기술: 그리고 "좋습니다. 그럼 '아무것도 떠오르지 않음'이라고 한번 입력해 볼까요?"라고 제안하며, 상태 자체를 데이터화하도록 이끈다.
- 치유적 효과: 실패라고 생각했던 '멈춤'조차 객관적인 데이터가 될 수 있다는 사실은, 이 과정에 정말로 '정답도, 오답도 없음'을 내담자가 온몸으로 깨닫게 한다. 이는 내담자의 완벽주의적 방어기제를 해제하는 강력한 심리적 해방감을 제공한다.

(2) 눈물이 터져 나올 때: 감정에 이름을 붙여 〈관찰자〉 탄생

억눌렸던 감정이 폭발하여 눈물이 터져 나올 때, 내담자는 종종 수치심에 고개를 숙인다. 이 감정적 홍수에 압도되는 순간은 치유로 향할 수도, 혹은 재경험으로 인한 2차트라우마가 될 수도 있는 위험한 전환점이다.

- 상담사의 태도: 상담사는 "그 감정을 충분히 느끼셔도 됩니다. 이 공간은 안전합니다."라고 말하며 묵묵히 기다려 주어야 한다. 이 묵묵함은 상담사가 감정에 감염되지 않고 객관적 거리를 유지하고 있음을 내담자에게 비언어적으로 전달한다.
- 해결 기술: 감정이 조금 진정되면, "방금 느꼈던 그 감정의 이름('슬픔', '억울함')을 맵(Map)에 추가해 보시겠어요?"라고 제안하여 감정을 객관화하도록 돕는다.
- 치유적 효과: 감정에 압도당하던 상태에서 벗어나 감정의 이름을 붙이는 행위는, 비로소 내담자가 감정을 바라보는 〈관찰자〉가 되는 결정적인 첫걸음이다.

(3) 지우는 행동을 반복할 때: '주차장 기법'으로 저항을 존중

내담자가 특정 기억을 입력했다가 재빨리 지우는 행동을 반복하는 것은 에고의 검열 기능이 강력하게 작동하고 있다는 명확한 신호이다. 이는 내담자가 '진실을 꺼내놓으면 안 된다'는 무의식적 경고에 굴복하는 순간이다.

- 상담사의 태도: 상담사는 이 저항을 무시하지 않고 존중해야 한다.
- 해결 기술: "만약 지금 당장 다루기 힘든 생각이라면, 지우는 대신에 한쪽 구석에 '나중에 볼 것들'이라는 주차장을 만들어서 잠시 옮겨두는 건 어떨까요?"라고 제안한다. 이

것이 바로 '주차장 기법'이다.

• 치유적 효과: 이 기법은 '지우고 싶은 마음(저항)'을 인정하면서도, '이것은 중요한 데이터다(보존)'라는 메시지를 동시에 전달하는 현명한 전략이다. 내담자의 통제권을 존중함으로써 더 깊은 신뢰를 쌓고, 데이터(파편)를 안전하게 보존하여 향후 치유의 재료로 남겨둔다.

3-3. 2단계: 그룹화-의미의 별자리

3-3-1. 혼돈에서 질서로: 1차그룹화라는 연금술

브레인스토밍을 통해 내담자의 내면세계는 비로소 세상 밖으로 그 모습을 드러내지만 그 모습은 수백 개의 파편으로 흩어진 혼돈(Chaos) 그 자체이다. 이 단계에서 많은 내담자는 안도감과 동시에 막막함을 느끼게 되는데, '이렇게나 많은 조각들이 내 안에 있었다니… 이걸 대체 어떻게 해야 한단 말인가?' 하는 막막함에 빠지게 된다. 하지만 이 무질서하고 의미 없어 보이는 1차가지들의 집합은, 그러나 실패의 증거가 아니라 치유를 위한 가장 귀중한 원재료인 것이다.

유식학(唯識學)의 관점에서 본다면, 이 화면 위의 1차가지들의 혼돈은 단순한 무질서가 아니라, 내담자의 무의식 가장 깊은 층, 즉 제8 아뢰야식(阿賴耶識)이라는 거대한 창고의 내용물이 처음으로 드러난 것이다. 아뢰야식은 문자 그대로 '감추어진 식' 혹은 '창고의 식'이라는 뜻으로, 우리가 의식하지 못하는 무의식의 가장 깊은 층에 해당하는 것으로 우리가 일상생활 전반에서 겪는 모든 경험은 이곳에 고스란히 저장된다.

화면 위의 기억과 감정의 파편 하나하나는 단순한 정보가 아니라, 우리의 현재와 미래에 영향을 미치는 잠재적 에너지인 '종자(bīja)'이다. 우리가 보고, 듣고, 생각하고, 행동하는 모든 것은 사라지는 것이 아니라 아뢰야식에 하나의 '종자'로 차곡차곡 쌓이는데 브레인스토밍은 바로 이 무의식의 창고 문을 열고, 그 안에 담긴 수많은 종자들을 바깥으로 꺼내어 펼쳐 보이는 과정과 같다.

이 고대의 지혜가 어떻게 '기억의 파편'이라는 현대 심리학의 개념과 정확히 일치하는지 주목할 필요가 있다. 현대 뇌과학은 트라우마가 서사가 아닌 감각의 파편으로 저장된다고 설명되는데, 즉 브레인스토밍 화면은 아뢰야식에 저장된 '종자'들의 현현이자, 현대 심리학이 말하는 '기억의 파편'들이 시각적으로 드러난 모습 그대로인 것이다.

이처럼 아뢰야식의 종자를 밖으로 꺼내어 눈으로 보는 행위 자체가, 무의식을 의식화하는 첫걸음이자 치유가 시작되는 가장 중요한 사건에 해당한다. 내 안에 있을 때는 나를 압도하던 그 혼돈이, 밖으로 나와 객관적인 대상이 되는 순간 우리는 비로소 그것을 다룰 수 있는 힘과 거리를 확보하게 된다. 이것이 바로 그룹화라는 다음 단계로 나아가기 위한 필수적인 전제 조건인 것이다.

(1) 최신 심리학으로 본 기억의 파편(破片)

우리는 흔히 기억(記憶)을 비디오테이프처럼, 과거의 사건을 있는 그대로 재생하는 장치라고 오해하지만 최신 심리학과 뇌과학의 연구는 이러한 통념이 사실과 다름을 명확히 보여준다. 우리의 기억은 과거를 복제하는 것이 아니라, 현재의 관점에서 과거의 조각들을 재료 삼아 끊임없이 재구성하는 창조적인 과정에 가깝다. 특히 우리의 정체성을 뒤흔드는 강력한 경험, 즉 트라우마는 결코 논리적인 이야기의 형태로 뇌에 저장되지 않는다.

세계적인 트라우마 권위자인 콜크(Bessel van der Kolk) 박사는 그의 기념비적인 저서 ≪몸은 기억한다≫에서, 끔찍한 경험을 하는 순간 언어와 이성을 담당하는 뇌의 영역(브로카 영역 등)은 기능이 저하되거나 거의 멈춰버린다고 밝혔다. "말문이 막힌다"는 표현은 바로 여기서 가장 정확한 심리적 묘사 기능을 담당한다고 할 수 있다. 참으로 고대에서부터 내려오는 이러한 우리말 표현은 사실 그대로의 정확한 지적이다. 대신, 감정과 생존 본능을 담당하는 편도체를 중심으로 한 변연계가 극도로 활성화된다고 한다. 그 결과, 트라우마는 '나는 그때 이런 일을 겪었고 그래서 슬펐다'는 식의 서사적 기억이 아닌, 언어화되지 않은 감각의 파편들—이미지, 소리, 냄새, 신체 감각—로 몸과 뇌의 깊숙한 곳에 각인된다.[5]

---

5) • Scott L. Rauch, Bessel A. van der Kolk, et al., "A symptom provocation study of posttraumatic stress disorder using Positron emission tomography

이러한 발견은 전통적인 '이야기하기' 중심의 상담 방식에 근본적인 질문을 던진다. 내담자에게 "무슨 일이 있었는지 차근차근 이야기해 보세요"라고 요구하는 것은, 뇌의 작동 방식에 반하는 것일 수 있는 것이다. 이는 내담자에게 흩어진 기억의 파편들을 억지로 하나의 논리적인 이야기로 꿰어 맞추라는, 또 다른 형태의 '질서화의 폭력'이 될 수 있다.

이 과정에서 내담자는 고통을 재경험할 뿐만 아니라, 에고(Ego)의 방어기제가 작동하여 기억을 왜곡하거나 변형시킬 위험이 매우 크다. 바로 이 지점에서 브레인스토밍(토출)이라는 우리의 기법이 가진 혁신성이 드러난다. 우리는 내담자에게 완성된 이야기를 요구하지 않는 대신, 시간제한이라는 '휘모리 요법'을 통해 떠오르는 '기억과 감정의 파편들'을 그저 낚아채도록 할 뿐이다. '깨진 유리창', '아버지의 고함소리', '차가운 방바닥'과 같은 파편들은 좌뇌의 논리적 검열을 거치기 전, 트라우마를 기억하는 우뇌와 변연계에서 직접적으로 올라온 날것 그대로의 데이터인 것이다.

결론적으로, 경청 없는 마인드맵 상담에 활용되는 브레인스토밍은 기억이 실제로 저장되고 인출되는 방식을 가장 정직하

and script-driven imagery," Archives of General Psychiatry 53, no. 5 (1996): 380-387.9 ("양전자 방출 단층 촬영(PET)과 대본 유도 심상을 이용한 외상 후 스트레스 장애 증상 유발 연구")

- Bessel A. van der Kolk, "The body keeps the score: memory and the evolving psychobiology of posttraumatic stress," Harvard Review of Psychiatry 1, no. 5 (1994): 253-265.("몸은 기억한다: 기억과 외상 후 스트레스의 진화하는 정신생물학")

게 존중하는 심리적으로 안전한 기법이다. 이 과정을 통해 우리는 에고의 개입으로 인한 왜곡과 변형이 거의 없는, 생생한 심리적 정보 그대로를 확보할 수 있다. 그리고 이 왜곡 없는 지도를 바탕으로 할 때, 비로소 우리는 가장 정확하고 빠른 치유의 경로를 찾아낼 수 있는 것이다.

(2) 그룹화: 조합(組合)이라는 연금술적 행위

브레인스토밍을 통해 아뢰야식의 창고에서 쏟아져 나온 기억의 파편들은, 그 자체로는 아직 의미를 갖지 못하는 혼돈(Chaos) 상태의 원재료일 뿐이다. 바로 이 혼돈의 재료들을 가지고 질서와 의미를 창조하는 연금술적 과정이 바로 그룹화, 즉 '조합(組合)'인 것이다. 납이나 구리와 같은 값싼 금속으로 귀한 금을 만들려 했던 연금술사들처럼, 내담자는 고통스럽고 의미 없어 보이던 과거의 파편들을 조합하여 자신의 삶을 이해하는 황금과 같은 통찰을 만들어내는 것이다.[6)]

우리는 이 위대한 연금술의 주체는 상담사가 아닌 바로 내담자 자신이라는 점을 명확히 해야 할 필요가 있다. 그는 이제 자신의 내면의 기억의 '고고학자'가 되어, 화면 위에 흩어진 유물(가지)들을 하나씩 살펴보기 시작한다. '아버지의 분노'라는

---

6) 그룹화의 예시는 앞의 '발리섬 신혼여행 계획' p.15 참고.
부록 편의 "아버지 BRSTM-아버지 2차그룹화-아버지 2차그룹화의 상세화 단계"를 참고하면 [아버지]라는 주제어를 중심으로 "브레인스토밍 이후 1차그룹화(복잡해서 페이지 수용 문제로 생략)를 거쳐 2차그룹화, 그리고 이후의 상세화" 과정의 실례를 알 수 있다.

가지를 발견하고, 화면 반대편에 있던 '깨진 유리창'이라는 가지를 끌어와 그 옆에 놓는다. 그러다 '엄마의 눈물'이라는 가지를 발견하고, 조심스럽게 같은 군집으로 옮겨보기도 하는 이 행위 하나하나는 흩어진 과거의 조각들을 모아 잃어버렸던 자신의 역사를 복원하는 신성한 작업인 것이다.

이 조합의 과정은 밤하늘에 흩어진 수많은 별들을 연결하여 '별자리'를 찾아내는 과정과 같다. 각각의 기억 파편(별)은 그 자체로 희미하게 빛날 뿐이지만, 내담자가 그것들을 주관적인 직관에 따라 연결하여 하나의 군집(별자리)으로 묶는 순간, 비로소 우리는 그 안에서 사자자리, 오리온자리와 같은 신화와 이야기를 비로소 읽어낼 수 있다. 이처럼 그룹화는 내담자가 자기 삶의 숨겨진 서사를 스스로 발견해 나가는 심오한 탐험의 과정인 것이다.

이 조합이라는 행위를 통해 내담자의 정체성에는 근본적인 변화가 일어나는데, 그는 더 이상 과거 기억의 파도에 속수무책으로 휩쓸리던 '희생자'가 아니게 된다. 자신의 손으로 직접 기억의 조각들을 움직이고 재배치하며, 그는 자신의 내면세계에 의미를 부여하는 '창조자'로 거듭나는 것이다. 이 주체적인 경험은 "나는 내 문제에 압도당하는 존재가 아니라, 그것을 탐색하고, 정리하고, 의미를 부여할 수 있는 힘을 가진 존재다"라는 메시지를 온몸으로 각인시키는 과정이다.

결론적으로, 이 연금술적 조합의 과정 속에서 비로소 '통찰(Insight)'이 탄생하는데, 이 통찰은 외부에서 주입되는 지식이 아니라, 내면의 조각들이 올바르게 조합되었을 때 스스로 빛을 발하는 깨달음이다. 내담자가 자신의 손으로 기억의 파편들을 조합하며 자신도 모르게 몇 번씩이나 "아!~" 하고 탄성을 지르는 순간, 그는 상담사의 해석이 아닌 자기 자신의 작업을 통해 진실을 발견하는 위대한 성취를 경험하게 된다. 이것이야말로 진정한 치유의 시작인 것이다.

3-3-2. <관찰자>의 탄생과 '생각하는 힘'의 발현

그룹화라는 구체적인 행위를 통해, 내담자의 심리적 정체성에는 극적인 전환이 일어난다. 감정을 쏟아내던 '희생자'의 입장에서 벗어나, 객관화된 자신의 기억 파편들을 직접 만지고 재배치하는 '탐색'의 단계로 진입하는 것이다. 이 정체성의 전환을 통해, 내담자의 내면에는 처음으로 '경험하는 나'와 그것을 '바라보는 나', 즉 〈관찰자(Observer)〉 사이에 안전한 심리적 거리가 생겨난다. 이 거리의 확보야말로 감정의 소용돌이에서 벗어나 자신의 문제를 다룰 힘을 회복하는 결정적인 과정이다.

〈관찰자〉의 시점이 확보되면서, 내담자의 '생각하는 힘'이 본격적으로 발동하기 시작한다. 이는 단순히 이성적 사고가 아니라, 흩어진 기억 속에서 패턴을 발견하고 문제의 본질을 꿰뚫는 통합적인 지혜에 가깝다. 내담자는 더 이상 감정의 파도에 휩쓸리는 대신, 한 걸음 물러나 자신이 만든 지도를 보며 스스로에게 질문하기 시작한다. "왜 이 두 가지 기억이 관련 있다고 느껴질까?" 이 질문이야말로 수동적인 경험의 주체에서 능동적인 사유의 주체로 전환되는 위대한 첫걸음이다.

3-3-3. 숙고(熟考)를 통한 통찰과 치유

이 '생각하는 힘'이 숙성되는 과정은 바로 '숙고(熟考)의 시간'이다. 그룹화라는 역동적인 활동이 끝난 후, 내담자는 완성된 지도를 천천히 그리고 깊이 들여다보는 고요한 관조의 시간을 갖는다. 이 시간 속에서 이전에는 보이지 않던 연결선들이 보이기 시작하고, 흩어져 있던 점들이 하나의 의미 있는 별자리로 떠오르는 '아하!'의 순간, 즉 -'통찰(Insight)'-이 탄생하는 것이다.

이 고요한 관조의 행위가 어떻게 깊은 치유를 일으키는 것일까? 최신 심리학의 '기억 재구성(memory reconsolidation)' 이론이 그 해답의 실마리를 제공한다. 이 이론에 따르면, 과거의 기억을 다시 꺼내 볼 때 뇌의 신경회로는 일시적으로 불안정해지며, 이때 새로운 정보나 경험(통찰)이 더해지면 기억은 변형된 채로 다시 저장된다.[7] 즉, 고통스러운 과거의 사실(fact)은 바뀌지 않지만, 그 사실에 부여되는 '의미(meaning)'와 '해석(interpretation)'이 바뀌는 것이다.

이는 유식학(唯識學)에서 말하는 '종자의 정화(淨化)' 원리와

7) Bruce Ecker, "Memory Reconsolidation Understood and Misunderstood," International Journal of Neuropsychotherapy 3, no. 1 (2015): 2-46.

도 맞닿아 있다. 〈관찰자〉의 시점에서 자신의 '오염된 종자(고통스러운 기억)'를 객관적으로 바라보고, '기억의 재구성' 과정을 통해 그 종자에 새로운 이해와 '통찰의 빛'을 비추는 것이다. 이 통찰의 빛이야말로 오염된 종자를 정화하는 가장 강력한 힘이다. 예를 들어, '아버지의 폭력'이라는 오염된 종자는 '전쟁 트라우마(PTSD)'라는 새로운 이해의 빛을 만났을 때, 더 이상 순수한 원망의 종자가 아니라 연민과 슬픔이 더해진, 다루기 쉬운 종자로 변모한다. 이처럼 '숙고'를 통해 '통찰'에 이르고, 마침내 '종자를 정화'하는 것이 마인드맵 상담이 가진 가장 깊고 지속적인 치유의 힘이다.

마인드맵 상담에서 '숙고(熟考)'의 행위는 단순한 바라보기를 넘어, 반야심경의 '조견(照見)'이나 8정도의 '정견(正見)'과 같은 깊은 통찰의 과정으로 승화되는데 그 원리는 다음과 같다.

첫째, 내담자는 자신의 혼란스러운 내면세계를 "심리지도"라는 객관적인 대상으로 구조화하여 눈앞에 펼쳐놓게 되는데 이에 따라 내 안에 있어 나를 지배하던 고통이 밖으로 나와 스크린 위의 '데이터'가 되는 순간, 내담자는 고통과 자신을 분리하여 바라보는 '관찰자(觀察者)'의 시점을 획득하게 된다.

둘째, 바로 이 지점에서 우리는 선승(禪僧)들이 왜 궁극의 깨달음을 '생각하여 아는 것'이 아니라 '본 성품을 본다', 즉 '견성(見性)'이라고 표현했는지 이해할 수 있다. 견성이란 나의 본래 모습을 지식이나 논리로 궁극적으로 의심하여 알아낸 결과물이 아닌 것으로, 있는 그대로 '바르게 보는(正見)' 직관(直觀)적 행위를 통해 깨닫는 경지인 것이다.

이와 같이, 마인드맵 상담에서 "심리지도"를 고요히 바라보는 '숙고(SEE)'의 행위는 바로 이 '견성'의 원리를 실천하는 현대적 수행법과 같다. 관찰자의 시점에서 자신의 "심리지도"를 바라볼 때, 이전에는 보이지 않던 연결고리와 패턴이 드러나게 된다. 이 점을 이해하기 시작할 때 비로소 흩어져 있던 기억의 파편(점)들이 하나의 의미 있는 별자리로 떠오르는 '아하!'의 순간, 이것이 바로 '통찰(INSIGHT)'이 탄생하는 순간이다. 이것은 아르키메데스식으로 유레카(εὕρηκα 헤우레카: EURE KA)로서, 즉 'I Found it.'이 되는 것이다.

이 과정은 아르키메데스의 '유레카(εὕρηκα: EUREKA)'처럼, '보는 행위(SEEING)' 자체가 내담자 스스로 '깊은 이해(DEEP UNDERSTANDING)'를 촉발하는 주체적 발견의 과정이다. 이러한 '보는 행위(SEEING)'의 능동성이야말로 내담자의 문제 인식과 치유 과정을 외부의 해석이 아닌, 자기 내면의 힘으로 통제하게 하는 본질적인 전환점인 것이다.

마지막으로 유식학(唯識學)의 관점에서, 이 '통찰의 빛'은 무의식 깊은 곳에 각인된 고통의 씨앗, 즉 '오염된 종자(汚染種子)'에 새로운 의미와 해석을 부여하는 역할을 한다. 과거의 사건(fact)은 바뀌지 않지만, 그것을 '바라보는' 현재의 내가 변함으로써 그 사건에 대한 의미(meaning)와 해석(interpretation)

이 바뀌고, 종자는 더 이상 고통의 싹을 틔우지 못하게 된다. 이것이 바로 '숙고'를 통해 '통찰'에 이르고, 마침내 '종자를 정화(淨化)'하는 질적인 내면의 변화를 이루어내는 마인드맵 상담의 핵심 원리라 할 수 있는 것이다.

이 통찰의 빛이야말로 오염된 종자를 정화하는 가장 강력한 힘이라고 단정할 수 있다. 예를 들어, '아버지의 폭력'이라는 오염된 종자는 '전쟁 트라우마(PTSD)'라는 새로운 이해의 빛을 만났을 때, 더 이상 순수한 원망과 분노의 종자가 아니라 연민과 슬픔이 더해진, 훨씬 더 복합적이고 다루기 쉬운 종자로 변모하는 것이다. 이것이 바로 종자의 정화작용이다.[8)]

상담자가 내담자에게 "생각하는 힘을 키우세요"라고 백 번 조언하는 것보다, 내담자 스스로 자신의 "심리지도"를 보며 숙고하는 단 한 번의 깊은 경험이 훨씬 더 강력한 성장을 이끌어내는 것이다. 이 통찰의 빛을 통해, 과거의 상처라는 종자는 더 이상 고통의 싹을 틔우지 않고, 지혜와 연민이라는 새로운 가능성의 씨앗으로 변모하기 시작하는 것이다. 즉 내담자는 이 과정을 통해 자신의 문제를 해결할 힘이 이미 자기 안에 있었음을 깨닫고, 자발적으로 성숙한 상태를 향해 나아가게 된다.

이 지점에서 통찰은 외부의 지식이나 해석에 의존하지 않고 자기 내면의 힘으로 문제 인식과 치유 과정을 통제하게 하는 본질적인 전환점을 마련한다. 결국 '숙고를 통한 통찰'은 내담

8) 부록의 아버지 주제어에 대한 브레인스토밍-2차그룹화-2차그룹화 상세화 단계의 이미지 맵 참고.

자에게 문제의 자각(Self-realization)과 해결 주도권(Control)을 온전히 돌려주어, 수동적인 희생자에서 능동적인 자기서사의 저자(著者)로 거듭나게 하는 핵심적인 치유의 엔진이 되는 것이다.

3-3-4. 경청 대비 그룹화의 의미

(1) 역할의 전환: 화자/청자에서 〈관찰자〉로

전통 상담의 성패는 경청(傾聽)에 달려있다고 해도 과언이 아니다. 이 과정에서 내담자는 자신의 혼란스러운 내면을 언어라는 질서 있는 틀에 맞추어 전달해야 하는 '화자(話者)'가 되고, 상담사는 그 이야기를 들으며 맥락을 파악하고 의미를 재구성해야 하는 '청자(聽者)'가 된다. 내담자는 자신의 고통을 상담자가 이해할 수 있는 방식으로 '잘' 설명해야 한다는 보이지 않는 압박에 시달리며, 이 '진술의 고통'은 때로 치유의 여정을 가로막는 거대한 장벽이 되어버린다.

상담사는 단순히 듣는 것을 넘어, 내담자의 미세한 표정, 떨리는 목소리, 억눌린 호흡과 같은 비언어적 신호들을 통해 내담자의 트라우마 상태를 그대로 '반영'하고 '재현'하기 시작한다. 이 깊은 공감적 듣기(Deep Listening)는 상담자를 내담자의 고통 속으로 함께 끌고 들어가는 위험한 과정이 될 수 있으며, 상담사는 끊임없이 자신을 보호하며 해석의 중심을 잡아야 하는 무거운 짐을 지게 된다. 이를 전반적으로 인식하고 행동하는 내공(內功) 깊은 상담사는 훨씬 덜 위험하지만 그렇지 않은 경우 상담 행위를 통해 위험에 직면하게 되는 것이다.

그러나 마인드맵 상담에서 그룹화는 이 근본적인 역할을 전환시키는데 내담자와 상담사 모두가 화면 위에 펼쳐진 "심리지도"를 함께 바라보는 '공동 관찰자'가 되는 것이다. 상담사는 더 이상 내담자의 말을 해석하려는 시도와 부담을 지지 않으며, 내담자는 자신의 감정을 설명해야 하는 고통에서 벗어나, 객관화된 자신의 마음 조각들을 함께 탐색하는 동료가 된다. 상담사는 이제 해석의 주체가 아니라, 내담자가 자신의 탐험을 안전하게 마칠 수 있도록 돕는 유능한 안내자이자 조력자의 역할을 수행할 뿐이다.

이 역할 전환을 통해, 내담자의 내면에는 고통과 자신을 분리하여 바라보는 〈관찰자〉가 탄생한다. 화면 위에 객관화된 자신의 기억의 고통들은 더 이상 내 안에 있는 것이 아니게 되고, 바깥으로 드러난 시각적인 이미지로서 고착(固着)되는 현상을 마주하는 것이다. 바로 이 순간, 내담자는 시각적으로 객관화된 자신의 기억을 바라보는 〈관찰자〉가 되는 것이다. 그는 더 이상 감정의 파도에 휩쓸리는 대신, 파도를 바라보며 그 패턴과 방향을 읽어내는 유능하고 민첩한 서퍼(surfer)와 같은 시점을 획득하기 시작한다.

이처럼 '화자/청자' 구도에서 벗어나 '공동 관찰자' 관계를 형성하는 것은, 상담의 효율성을 높이고 치료의 관계를 더욱 안전하고 수평적으로 만든다. 상담의 주도권이 자연스럽게 내담자에게 넘어가면서, 그는 자신의 치유 과정에 대한 온전한 주인의식을 갖게 되는데 이것이 바로 그룹화가 가진 가장 근본적인 힘인 것이다. '공동 관찰자' 관계의 형성은 내담자의 심리적 방어기제를 해체하고, 자기 효능감을 극대화하는 가장 안전하고 수평적인 치료적 환경을 제공하는 것이다.

(2) 다루는 재료의 차이: 서사[9]에서 날것의 데이터로

경청이 다루는 재료는 내담자가 언어라는 틀을 통해 재구성해 낸 '서사(Narrative)'에 해당한다. 그러나 이 서사는 결코 순수한 원재료가 아니라 고통으로부터 자신을 보호하려는 에고(Ego)에 의해 이미 심하게 편집되고 각색된 '2차가공물'일 가능성이 매우 높다. 내담자의 내면세계는 무질서하게 말해지는 것이 아니고 어느 정도 조리 있게 표현하려 하지만, 갈등이 섞여 있어 쉽지 않다. 이 과정에서 내담자는 자신도 모르게 특정 기억을 생략하고, 감정을 축소하며, 사건의 의미를 미화하거나 왜곡하는 것이다.

내담자가 자신의 파편화된 트라우마를 하나의 논리적인 서사로 재구성하도록 요구받는 과정 자체가, 어떤 의미에서는 '질서화의 폭력'이 될 수 있다. 트라우마는 본질적으로 언어의 질

9) 서사(Narrative): 이 책에서 사용하는 '서사'라는 용어는 단순히 사건의 나열을 의미하는 것이 아니라, 내담자 삶 전체를 관통하는 '핵심 이야기 구조' 또는 '반복되는 문제 패턴'을 의미합니다.

서를 파괴하는 혼돈(Chaos) 그 자체인데, 그것을 다시 언어(Cosmos)의 틀에 억지로 끼워 맞추라고 요구하는 것은 내담자에게 또 다른 고통을 안겨줄 수 있다. 그는 '완결된 이야기'를 만들어야 한다는 압박 속에서 진실로부터 멀어질 위험에 처하게 되는 것을 우리는 이해해야 한다.

이와 대조적으로, 그룹화가 다루는 재료는 브레인스토밍을 통해 토출된, 판단과 검열을 거치지 않은 '날것의 데이터(Raw Data)'이다. 이것은 유식학에서 말하는, 아뢰야식에 저장된 경험의 씨앗인 '종자(bīja)' 그 자체와 같다. '깨진 유리창', '아버지의 고함소리', '차가운 방바닥'과 같은 파편들은 좌뇌의 논리적 검열을 거치기 전, 트라우마를 기억하는 우뇌와 변연계에서 직접적으로 올라온 순수한 정보들이다.

왜곡되지 않은 생생한 날것의 데이터를 직접 조립할 때, 내담자 자신도 몰랐던 더 깊고 진실된 서사가 드러날 수 있게 된다. 1차그룹화의 반복과 재정렬을 통해 만들어진 이야기는, 경청으로 구성된 이야기보다 훨씬 더 왜곡되지 않은 생생한 의미를 보여주는 것이다. 즉, 내담자의 내면세계 갈등 구조를 이끌어낸다는 관점에서, 마인드맵 상담은 보다 효율적이고 왜곡과 포장, 미화와 감정적 손상이 없다는 장점을 가지게 되는 것이다.

이러한 재료의 차이는 내담자에게 엄청난 심리적 '해방감'을 선사하게 되는데 그는 더 이상 상담사를 설득하기 위해, 혹은 스스로를 이해시키기 위해 '완결된 이야기'를 만들어야 한다는 압박에서 벗어나게 됨을 의미한다. 자신의 혼돈을 있는 그대로 펼쳐놓아도 좋다는 허용의 경험 속에서, 그는 비로소 자신의 내면을 가장 정직하게 마주할 용기를 얻게 된다. 이 정직함이야말로 진정한 치유가 싹트는 진실한 토양인 것이다. '날것의 데이터(Raw Data)'를 다루는 이 과정은 트라우마를 언어라는 질서의 틀에 억지로 끼워 맞추는 '질서화의 폭력'으로부터 내담자를 완전히 해방시키는 것이다.

(3) 해석 주권의 이동: 상담사에서 내담자로

궁극적으로 이 방법론의 차이는 상담의 주도권, 즉 '해석의 권력'을 누구에게 돌려주는가의 문제로 이어진다. 경청 기반 상담에서는 상담사가 내담자의 진술을 해석하고 의미를 부여하는 최종 권위를 갖기 쉽다. 내담자의 이야기는 종종 파편적이고 모순적이기에, 상담사는 자신의 전문적 지식과 경험을 바탕으로 그 이야기 속에서 핵심 패턴을 발견하고, 문제의 원인을 진단하기 위해 파편들을 조립하며, 때로는 내담자 자신도 깨닫지 못한 무의식적 동기를 해석해 주는 역할을 수행한다. 즉 상담사는 내담자의 헝클어진 이야기를 자신의 맥락으로 재구성하는 과정을 거쳐야 한다는 말이다.

이러한 상담사의 역할은 내담자에게 깊은 통찰을 줄 수 있지만, 동시에 내담자를 수동적인 위치에 머무르게 할 위험이 있다. 내담자는 자신의 문제에 대한 해답이 상담사라는 외부의 권위자에게 있다고 믿게 되며, 상담사의 해석에 의존하는 경향

이 생길 수도 있다. 이는 치유의 과정에서 내담자가 스스로의 힘을 발견하고 성장하는 것을 방해하는 미묘한 장애물이 될 수 있다.

그러나 그룹화 과정에서 자신의 기억 조각들을 연결하고 묶는 유일한 기준은 비록 동일 속성 원칙을 제시하더라도 '내담자의 주관적인 직관'뿐이다. 제3자가 보기에는 특정 1차가지들의 상호 관계성이 멀거나 아예 없어 보이는데도 불구하고, 내담자의 관점에서는 강력한 관계가 형성되어 있을 수 있는 것이다. 상담사는 결코 "이 가지는 저 그룹보다 이 그룹에 더 어울리는 것 같네요"라고 말해서는 안 된다. 그룹화 과정은 내담자 자신이 직접 처리하는 방식을 존중해야 하는 이유가 바로 여기에 있기 때문이다.

이처럼 그룹화는 해석의 주체를 온전히 내담자에게 돌려줌으로써, 그가 자신의 내면세계에 대한 유일한 전문가이자 진정한 주인이 되도록 돕는 것이 마인드맵 상담만의 특징이다. 상담사는 더 이상 정답을 아는 전문가가 아니라, 내담자가 자신의 고유한 의미 체계를 발견하도록 돕는 '의미의 산파(産婆)'가 되며 이 과정을 통해 내담자는 "내 문제의 답은 내 안에 있다"는 강력한 자기 효능감을 체득하게 된다.

'해석 주권의 이동'은 단순한 권력의 이동이 아니라, 내담자의 근본적인 성장을 촉진하는 가장 핵심적인 기제이다. 자신의 손으로 직접 기억의 파편들을 조합하여 삶의 의미를 재구성하는 경험을 통해, 내담자는 비로소 고통의 희생자에서 자기서사

(Narrative)의 저자(著者)로, 도움을 받는 수혜자에서 치유의 주체로 거듭나는 위대한 전환을 이루게 되는 것에 만족하는 것이 마인드맵 상담에서 상담사의 역할이다. 이처럼 해석 주권의 이동은 단순한 관계의 변화를 넘어, 내담자 스스로 문제의 구조를 파악하고 새로운 의미를 창조함으로써 재발 가능성을 낮추는 근본적인 성장 동력이 되는 것이다.

결론적으로, 그룹화는 '객관적 공감'이라는 안전한 토대 위에서 내담자에게 '보는 행위'의 주도권을 돌려주어, 스스로 문제의 자각 행위(Self-realization)와 해결 능력(Control)을 획득하게 하는 가장 혁신적인 치유행위이다.

3-3-5. 그룹화와 NLP

(1) 이론적 기반: NLP와 유목화의 원리

그룹화가 단순한 정리 작업이 아니라 정교한 심리적 과정인 이유는, 그것이 NLP(신경언어프로그래밍)에 깊은 이론적 기반을 두고 있기 때문이다. NLP는 우리가 오감을 통해 들어온 정보를 어떻게 처리하고(Neuro), 어떤 언어를 사용해 그 경험에 의미를 부여하며(Linguistic), 우리의 무의식적인 생각과 행동 패턴을 어떻게 변화시킬 수 있는지(Programming)를 탐구하는 학문이다. 즉, 그룹화는 내담자가 자신의 무의식적인 경험 처리 방식을 시각적으로 이해하고 재구조화하는 과정이라 할 수 있다.

NLP의 핵심 원리 중 하나인 '유목화(Chunking)'는 우리의 경험을 더 큰 덩어리로 묶거나(상향), 더 작은 단위로 나누는(하향) 정신적 과정으로, 우리가 세상을 인식하고 의미를 부여하는 방식의 근간을 이룬다. 마인드맵 상담에서의 '그룹화'가 바로 이 '유목화' 원리를 시각적으로 구현하는 실천적 행위임을 명확히 해야만 한다.

내담자가 가지들을 묶고 나누는 행위는, 자신도 모르는 사이에 자신의 무의식적인 정보 처리 방식을 탐색하고 재구조화하는 과정이다. 이처럼 그룹화 작업에 NLP라는 과학적이고 체계적인 이론적 배경이 존재함을 밝힘으로써, 이 기법이 단순한 직관이나 임의적인 정리가 아님을 강조하고 학술적 신뢰도를 부여하는 것이다.

이 이론적 배경을 이해함으로써, 관찰자로서 내담자는 단순히 자신의 기억 조각(What)을 보는 것을 넘어, 자신이 그 기억들을 어떻게 묶고 나누는지(How) 그 정신적 작동 방식 자체를 관찰하게 됨을 설명한다. 이는 곧 자기 이해의 차원을 한 단계 더 심화시키는 과정에 해당한다.

(2) 실제적 적용: 하향/상향 유목화의 과정

• 하향 유목화: 막연한 고통에 이름을 붙이다

'하향 유목화(chunking down)'란, '인간관계가 힘들다'와 같은 일반적이고 추상적인 문제에서 '김 부장의 질책', '아내와의 다툼'과 같은 구체적인 심층 구조로 범위를 좁혀 가는 과정이다. 이는 안개처럼 막연했던 고통의 실체에 구체적인 이름을 붙여주는 작업이며, 내담자가 자신의 문제를 다룰 수 있는 대상으로 인식하는 첫걸음이다.

이 과정에서 상담사는 내담자가 자신의 추상적인 감정을 구체적인 경험과 연결하도록 돕는 안내자 역할을 한다. "그 불안감을 주로 언제, 어떤 상황에서 느끼시나요?"라는 질문을 통해, 내담자는 '불안감'이라는 막연한 그룹 아래에 '발표할 때', '처음 만나는 사람'과 같은 구체적인 상황(2차가지)을 추가하는 자연스런 동작이 이어진다.

다시 "발표할 때 불안하다는 것은, 구체적으로 몸이나 생각에서 어떤 일이 일어난다는 뜻일까요?"라는 질문을 통해, 내담자는 '목소리가 떨린다', '무슨 말을 할지 머리가 하얘진다'는 더 세밀한 신체적, 인지적 반응(3차 가지)을 추가하게 된다.

이처럼 하향 유목화는 내담자를 막연한 감정의 늪에서 건져내어, 자신의 경험을 구성하는 구체적인 벽돌들을 하나씩 만져보고 확인하게 하는 구체적 과정이다. 이 과정을 통해 내담자는 "나는 그냥 불안한 사람"이 아니라, "나는 특정 상황에서 특정 신체 반응을 보이는구나"라고 자신의 문제를 훨씬 더 명확하고 다루기 쉽게 인식하게 된다.

• 상향 유목화: 흩어진 경험 속에서 핵심 서사를 발견하다

'상향 유목화(chunking up)'란, '아버지의 고함소리', '선생님의 회초리', '상사의 폭언'과 같은 구체적인 기억의 파편들에서 '권위자에 대한 두려움'이라는 더 일반적이고 추상적인 주제로 나아가는 과정이다. 이는 흩어져 있던 경험들 속에서 내 삶을 관통하는 핵심적인 패턴과 서사를 발견하는 통찰의 작업인 것이다.

내담자는 흩어져 있던 '나는 부족해', '또 실수했어', '나만 왜 이럴까?'라는 구체적인 자기 비난의 가지들을 한데 모으고 난 이후 그 군집을 한참 동안 바라보다가, 마침내 그것에 객관적 관찰의 힘으로 비로소 '자기 비난'이라는 새로운 그룹명을 부여할 수 있다. 이 이름이 붙여지는 순간, 개별적인 사건들은 더 이상 우연한 실수가 아니라, 자기 삶을 지배해 온 거대한 패턴의 일부였음을 깨닫는 강력한 통찰이 일어나는 것이다.

이 두 가지 유목화 과정을 통해, 내담자로서 〈관찰자〉는 마치 현미경(하향)과 망원경(상향)을 번갈아 사용하듯, 자신의 내면지도를 자유자재로 탐색하는 능동적인 분석가가 되어가는 것이다. 그는 더 이상 막연한 감정에 휩쓸리는 대신, 문제의 구체적인 사례와 그 이면에 숨겨진 거대한 주제를 넘나들며 자신의 고통을 입체적으로 그리고 객관적으로 이해하는 경지에 입문하게 된다.

이러한 입체적 이해는 내담자가 더 이상 개별적인 사건에 일희일비하는 대신, 자신의 삶을 움직이는 더 큰 힘의 정체를 알게 되었기 때문에 이제 그는 그 힘의 지도를 손에 쥐고 있으며, 다음 단계에서 그 지도를 어떻게 다시 그릴 것인지를 고민하게 되는 것이다. 이러한 입체적 이해는 내담자에게 강력한 힘을 부여하는 것이며, 이것이 바로 낡은 마음의 문법을 해체하고 새로운 자기서사로 재구조화하기 위한 필수적인 설계도이다.

(3) 시너지 효과: 이론과 도구의 결합

NLP가 '마음의 문법'이라면, 마인드맵은 그 문법을 실제로 구현하고 눈으로 확인할 수 있게 만드는 완벽한 '시각적 작업 공간'이다. NLP 이론은 그 자체로 매우 정교하고 강력하지만, 추상적인 개념에 머무를 때가 많다. '하향 유목화'나 '상향 유목화' 같은 개념을 내담자가 머리로만 이해하는 것과, 마인드맵 위에서 자신의 기억 조각들을 직접 움직이며 그 과정을 시각적으로 체험하는 것은 전혀 다른 차원의 경험이다. 마인드맵은 이 추상적인 이론에 구체적인 형태와 생명력을 불어넣는 도구가 된다.

이론만으로는 공허하고, 도구만으로는 기계적인 작업이 될 수 있는 것을, 그룹화를 통해 이 둘의 결합을 살아있는 통찰의 과정으로 바꾸어 놓는다. 내담자는 마인드맵이라는 놀이터 안에서 NLP라는 게임의 규칙을 배우며, 자신도 모르는 사이에 자신의 마음이 작동하는 방식을 깊이 이해하게 된다. 그는 더 이상 자신의 감정과 생각에 압도당하는 대신, 그것들이 어떤 문법(NLP)에 따라 움직이는지를 관찰하고, 나아가 그 문법을 새로 쓸 수 있는 힘을 얻게 된다.

이 시너지 효과 속에서 상담사의 역할 또한 극적으로 변화하게 되며, 그는 더 이상 내담자의 말을 듣고 그 의미를 해석하는 '번역가'나, 정답을 알려주는 '교사'가 아닌 위치에 선다. 대신, 내담자가 자신의 마음 지도를 직접 그리고 편집할 수 있도록, 가장 좋은 도구(마인드맵)와 가장 효과적인 지도 읽는 법(NLP)을 알려주는 유능한 '안내자'이자 '코치'가 된다. 상담사는 내담자의 뒤에서, 혹은 옆에서 함께 걸으며 그가 스스로 길을 찾을 수 있도록 돕는 조력자인 것이다.

이 이론과 도구의 완벽한 결합이야말로, 내담자가 자신의 고통의 실체를 스스로 발견하고, 나아가 그것을 재구성하는 주체적인 치유의 여정을 가능하게 하는 핵심적인 동력에 해당한다. 내담자는 상담사의 해석에 의존하는 대신, 자신의 손으로 직접 지도를 그려나가며 통찰을 얻는다. 이 '스스로 해냈다'는 경험은 내담자의 자기 효능감을 극대화시키고, 상담이 끝난 후에도 스스로의 힘으로 살아갈 수 있는 가장 큰 자산이 된다.

궁극적으로 이 시너지를 통해 내담자이며 관찰자는 단순히 자신의 마음을 이해하는 것을 넘어, 마음속 낡은 패턴을 해체하고 새로운 의미를 부여하는 '재구조화'를 수행하게 된다. 이것이야말로 NLP의 마지막 글자인 '프로그래밍(Programming)'을 실현하는, 가장 깊은 차원의 치유에 해당하는 것이다. 그는 더 이상 과거의 프로그램에 따라 자동으로 반응하는 존재가 아니라, 자신의 경험을 새롭게 프로그래밍하여 원하는 미래를 창조하는 삶의 주체로 거듭나는 것이다.

그룹화와 NLP의 결합은 내담자가 자신의 경험을 새롭게 프로그래밍(Programming)하는 '재구조화'를 가능하게 하는 것이며, 이는 고통의 패턴을 영구적으로 변화시키는 궁극의 치유 과정이 되는 것이다.

3-3-6. 내담자 입장의 서사(핵심 이야기 구조)

(1) 과정과 원칙: 혼돈 속에서의 첫걸음

수백 개의 기억 파편들이 화면을 가득 채운 순간, 내담자는 깊은 막막함에 휩싸이게 된다. 브레인스토밍을 통해 내면의 독소를 쏟아냈다는 안도감도 잠시, 눈앞에 펼쳐진 혼돈은 오히려 자신의 문제가 얼마나 거대하고 다루기 힘든 것인지를 증명하는 듯 보인다. "이걸 대체 어떻게 해야 한단 말인가?"라는 내면의 독백과 함께, 그는 이 무질서한 파편들 앞에서 다시 한번 무력감을 느낄지도 모른다.

이때 상담사는 분석이나 해결을 재촉하는 대신, 부드러운 목소리로 그를 새로운 차원으로 초대하는데 "이제 이 조각들을 가지고 놀아볼 시간이에요. 정답은 없습니다. 그저 마음이 끌리는 대로, 관련 있다고 느껴지는 것들끼리 모아보세요." 이 '놀이'로의 초대는 내담자를 '완벽한 답을 찾아야 한다'는 심리적 부담감에서 해방시키고, 실패의 두려움 없이 자신의 내면을 탐색할 수 있는 안전한 공간을 열어주는 것이다.

내담자는 긴 망설임 끝에 마우스를 잡고, 예컨대 '아버지의 분노'라는 가지를 끌어와 화면 반대편에 있던 '깨진 유리창'이라는 가지 옆에 놓는다. 외부에서 보기에는 아주 작고 사소한 이 행위야말로, 자신의 혼돈에 스스로 질서를 부여하는 엄청난 첫걸음이 되는 것이다. 그는 더 이상 자신의 의지와 상관없이 떠오르는 기억의 파도에 몸을 맡기는 존재가 아니라, 그 파도의 흔적을 자신의 의지로 재배치하는 주체적인 행위자가 되는 것이다.

이 작은 행위를 통해 내담자의 정체성은 더 이상 과거 기억의 '희생자'가 아니라, 스스로의 힘으로 혼돈 속에서 질서를 찾아 나서는 '탐험가'로 전환되기 시작하는데 그는 이제 고통의 정글 속에서 길을 잃고 헤매는 대신, 자신의 손으로 직접 지도를 그려나가며 자기 인생의 길을 만들어나가는 존재로 거듭나는 것이다.

자신의 기억을 화면 위의 객관적인 대상으로 다루기 시작하는 이 순간이야말로, '경험하는 나'와 그것을 바라보는 〈관찰자〉가 분리되는 첫 싹이 트는 순간에 해당한다. 내 안에 있을 때는 나를 압도하던 고통이, 밖으로 나와 객관적인 대상이 되는 순간, 비로소 그것을 내가 온전히 다룰 수 있는 힘과 거리가 확보된다. 이 첫걸음이 있기에, 내담자는 다음 단계에서 더 깊은 통찰을 향해 나아갈 수 있는 심리적 토대를 마련하게 된다.

(2) 통찰의 순간: 패턴의 발견

처음에는 기계적인 분류처럼 시작된 작업이지만, 어느 순간 내담자는 자신도 몰랐던 연결고리를 발견하고 숨을 멈춘다. '직장 상사의 비판'이라는 군집과 '선생님께 혼났던 기억'이라는 군집을 만들고 보니, 두 군집에 공통적으로 '수치심', '나는 부족해'라는 감정의 가지가 포함되어 있음을 발견하는 것이다. 이것은 단순히 비슷한 단어를 찾는 행위가 아니라 흩어져 있던 과거의 파편들이 시공간을 초월하여 동일한 감정의 빛깔로 공명하고 있음을 시각적으로 확인하는, 경이로운 경험인 것이다.

스크린 위에서 시각적으로 확인된 이 패턴 앞에서, 그는 처음으로 자신의 삶을 관통하는 거대한 서사를 '알아차리게' 되는, 처음으로 느껴보는 이상한 경험을 하는 것이다. 그는 깨닫기 시작하는데 자신의 고통이 개별적이고 우연한 사건들의 합이 아니라, '권위자로부터의 비판'이라는 특정 상황에 대해 반복적으로 나타나는 깊은 심리적 패턴이었음을 말이다. 이 '알아차림'은 마치 어두운 방에서 더듬거리며 가구의 위치를 파악하다가, 갑자기 스위치를 찾아 불을 켰을 때 방 전체의 구조가 한눈에 들어오는 것과 같이 놀랍고 환하게 밝아지는 경험이다.

이것이 바로 그룹화를 통해 '통찰(Insight)'이 시작되는 순간에 해당하는데 통찰은 외부의 권위자가 "당신의 문제는 이것입니다"라고 알려주는 지식이 아니다. 그것은 내면에 어지럽게 흩어진 의문의 조각들이 바르게 배열되기 시작할 때, 내담자 스스로의 내부에서부터 섬광처럼 터져 나오는 깨달음인 것이다. 이러한 섬광은 단순히 감정적인 울림이 아니라, 스크린 위에 시각화된 객관적 데이터가 내면의 감정 패턴과 정확히 일치함을 확인하는 '과학적 알아차림'이 되는 것이다. 이 주체적인 발견은 그 어떤 위로의 말보다 강력한 치유의 힘을 가진다.

이 극적인 순간, 상담사는 결코 먼저 해석을 제공해서는 안 된다. 내담자가 침묵 속에서 자신의 발견과 마주할 수 있도록 충분한 시간을 허용해야 한다. 그리고 내담자가 준비되었을 때, "무엇을 발견하셨나요?"라고 부드럽게 질문함으로써, 내담자 스스로 자신의 위대한 발견을 언어화하고 내재화하도록 돕는 다만 '의미의 산파' 역할을 수행해야 하는 것이다.

이 통찰의 순간을 통해, 내담자는 비로소 자기 문제의 "심리 지도"를 읽는 법을 배우기 시작한다. 그는 더 이상 혼돈의 희생자가 아니라, 그 혼돈 속에 숨겨진 질서와 의미를 찾아내는 탐험가로 거듭난다. 이 하나의 강력한 통찰은, 이후 더 깊은 핵심 서사를 발견해 나갈 수 있는 용기와 확신을 주는 가장 중요한 첫걸음이 되기에 현 단계의 통찰을 통해 알아차림은 매우 소중한 경험이다.

(3) 성장의 체험: 새로운 정체성의 탄생

1차그룹화를 마친 뒤, 어지러웠던 화면이 몇 개의 의미 있는 군집으로 정리된 것을 보며 내담자는 깊은 성취감과 자기 효능감을 느끼게 되는 것이다. 그는 더 이상 자신의 의지와 상관없이 떠오르는 기억의 파도에 속수무책으로 휩쓸려가던 존재가 아닌 것이다. 자신의 손으로 직접 혼돈 속에서 질서를 찾아낸 탐험가이자, 마침내 자기 내면의 지도를 객관적으로 바라보는 〈관찰자〉로 거듭난 것이다.

이처럼 시각적으로 정리된 자신의 "심리지도"를 통해 내담자는 자신이, 무질서한 혼돈 자체가 아니라 '다룰 수 있는 구조'를 가진 존재임을 확인하게 되며, 이 객관화된 자아상은 오랜 자기 비난과 자책에서 벗어나 자신을 정직하게 존중하는 출발점이 되는 것이다.

이러한 '스스로 해냈다'는 성공의 경험은 그 어떤 위로보다 강력한 치유의 동력이 되는 것이며, 앞으로 마주할 난관에 대한 강력한 심리적 백신이 되는 것이다. 그는 이제 문제에 대한 회피와 방어기제를 점차 내려놓고, 문제의 핵심을 정면으로 응시할 용기를 갖추게 되는 것이다. '나는 내 문제에 압도당하는 존재가 아니라, 그것을 탐색하고, 정리하고, 의미를 부여할 수 있는 힘을 가진 존재다'라는 메시지가 그의 내면에 깊이 각인되는 것이다. 이 강력한 자기 인식의 변화야말로, 상담사가 백 마디 말로 전달하는 위로보다 훨씬 더 근본적인 치유의 힘을 발휘하는 것이다.

이제 그는 자신의 내면세계를 주체적으로 편집하고 새로운 서사를 써 내려가는 강력한 치료적 행위의 주체, 즉 '창조자'로 우뚝 서게 되는 것이다. 창조자로서의 이 새로운 정체성은 과거의 고통을 재구성하는 데 그치지 않는 것이다. 그는 이제 자신의 손으로 새로운 감정 패턴과 사고방식을 선택하고 설계하며, 자신의 삶을 원하는 방향으로 프로그래밍하는 능동적인 미래 설계자가 되는 것이다. 그는 더 이상 과거의 피해자가 아니라, 자신의 고통스러운 역사를 극복하고 새로운 미래를 써 내려가는 위대한 '작가'로 거듭나는 것이다.

이 경험을 통해 내담자의 자기 효능감은 극적으로 회복되는 것이며, 이는 일시적인 것이 아닌, 앞으로의 삶에서 마주칠 문제들에 대한 영속적인 심리적 자산이 되는 것이다. '내 문제의 답은 내 안에 있다'는 자각은 내담자의 자립을 완성하는 가장 중요한 기제이며, 이 자각을 통해 그는 수동적인 수혜자에서 능동적인 삶의 주인으로 완전히 변모하게 되는 것이다.

결론적으로, 1차그룹화의 성취감은 이후 2차그룹화에서 더 깊고 어려운 핵심 서사를 마주할 수 있는 가장 중요한 심리적 자원이 되는 것이다. 내담자가 스스로 문제의 구조를 해독할 수 있다는 자기 효능감을 극대화하며, 이는 핵심 서사를 발견하는 2차그룹화의 여정을 위한 가장 강력한 심리적 자원이 되는 것이다. 그는 이제 두려움 없이 자신의 가장 깊은 곳을 향해 나아갈 준비를 마친 것이다.

3-4. 2차그룹화 - 핵심 서사의 발견

3-4-1. 1차그룹화의 한계와 2차그룹화의 목표

1차그룹화는 흩어져 있던 기억의 파편들을 의미 있는 '군집'으로 묶는 위대한 첫걸음이었다. 내담자는 이 과정을 통해 자신의 혼란스러운 내면을 다룰 수 있다는 자신감을 얻고, 자기 삶의 반복되는 패턴을 처음으로 '알아차리는' 경이로운 경험을 한다. 하지만 이 단계에서 완성된 지도는 아직 전체 그림을 보여주지 못하고 각 군집들은 저마다 중요한 이야기를 품고 있지만, 아직은 고립된 섬과 같아서 서로 어떤 관계를 맺고 있는지, 그리고 이 모든 섬들을 지배하는 가장 중요한 핵심 대륙은 어디인지 드러나지 않는다는 명백한 한계를 가진다.

바로 이 지점에서 2차그룹화의 매우 중요한 여정이 시작된다. 2차그룹화의 목표는 이 섬들 사이의 유기적 관계를 밝히고, 모든 문제 상황이 방사형으로 뻗어 나오는 문제의 '진앙지(震央地)'에 해당하는 가장 중요한 섬, 즉 '핵심 키워드 그룹'을 발견하는 것에 있다. 이것은 단순히 중요한 그룹을 찾는 것을 넘어, 내담자 내면세계 가장 깊은 곳에 숨겨진 동력, 즉 그의 삶을 움직여 온 핵심적 서사를 발견하는 과정이다.

2차그룹화는 1차그룹화의 성취감을 발판 삼아 내담자가 가장 오랫동안 외면해 온 영혼의 심연으로 내려가는 과정이 되는 것이다. 이곳에서 내담자는 개별 사건을 넘어 삶 전체를 꿰뚫는 단 하나의 주제, 즉 고통을 끝낼 핵심 서사를 마주하게 되는 것이다. 이 진앙지를 발견했을 때, 비로소 우리는 흩어져 있던 모든 조각조각들이 어떻게 하나의 거대한 이야기로 연결되는지를 이해할 수 있다.

이러한 목표의 전환은 내담자의 심리적 역할 또한 한 단계 더 성숙시키는 계기가 되는데 1차그룹화에서 미지의 세계를 탐험하는 '고고학자'이자 '탐험가'였다면, 이제 그는 흩어진 단서들을 가지고 사건의 핵심을 추리하는 '탐정'이 된다. 그는 더 이상 단순히 유물을 발굴하는 데 그치지 않고, 각 유물들이 서로 어떻게 연결되어 하나의 완전한 역사를 구성하는지를 분석하고 추론하기 시작한다. 이는 더 깊은 분석적 사고와 통찰을 요구하는 단계이며, 〈관찰자〉로서의 힘이 한층 더 성숙해지는 과정이기도 하다.

3-4-2. 핵심 키워드 그룹을 찾는 세 가지 단서

2차그룹화의 목표는 문제의 '진앙지'에 해당하는 '핵심 키워드 그룹'을 발견하는 것이지만 수많은 군집들 중에서 어떻게 그 핵심을 찾아낼 수 있을까? 상담사와 내담자의 본격적 협업으로 이제 하나의 탐정팀이 되어, 1차그룹화된 맵을 보며 몇 가지 결정적인 단서들을 추적해야 하는데 이 단서들은 내담자의 무의식이 보내는 미세하지만 중요한 신호들이다.

첫 번째 단서는 '감정의 무게'에 키포인트를 주고 탐색하는 것이다. 내담자가 특정 그룹을 바라볼 때, 그의 비언어적인 반응에 주목해야 한다. 마우스를 올렸을 때 한숨이 깊어지거나, 표정이 미세하게 굳어지거나, 혹은 자신도 모르게 눈물을 보인다면, 그곳이 바로 감정적으로 가장 많은 에너지가 응축된 곳일 가능성이 높다. 말은 거짓말을 할 수 있지만, 몸은 거짓말을 하지 않기 때문이다. 이처럼 내담자의 신체 반응은 가장 정직한 나침반이 되어준다.

두 번째 단서는 '가지의 밀도'에 주목하는 것이다. 다른 그룹에 비해 유독 많은 하위 가지들을 거느리고 있는 그룹이 있다면, 그곳이 핵심일 확률이 높다. 일반적으로 우리는 고통스럽고 복잡한 문제일수록 더 많은 생각과 기억을 파생시킨다. 하위 가지의 수가 많다는 것은 그만큼 많은 심리적 에너지가 그 주제에 복잡하게 얽혀있고, 내담자가 그 문제를 해결하기 위해 오랫동안 무의식적으로 씨름해 왔다는 강력한 증거가 되는 것이다.

세 번째 단서는 '반복되는 단어'이다. '아버지', '실수', '혼자'와 같은 특정 단어나 감정(예: '수치심')이 여러 그룹에 걸쳐 반복적으로 나타난다면, 그 단어를 포함하고 있는 그룹들이 문제의 핵심과 밀접한 관련이 있음을 암시하는 것이다. 이 반복되는 키워드는 내담자의 내면세계를 관통하는 거대한 지하수맥과 같아서, 이 수맥을 따라가다 보면 문제의 가장 깊은 수원지를 발견할 수 있다.

다만 이 세 가지 단서들이 객관적인 지표이긴 하지만, 최종적인 확정은 내담자 스스로 "아, 바로 여기구나" 하고 느끼는 직관적 통찰의 순간에 이루어진다. 상담사는 분석적으로 정답을 제시하는 대신, "이 그룹을 보니 어떤 느낌이 드시나요?"라고 질문하며 내담자가 스스로 핵심을 발견하고 확신하도록 도와야 한다. 이 과정을 통해 내담자는 비로소 자기 문제의 심장부를 스스로 찾아내는 매우 중대한 성취를 경험하는 것이다.

핵심 서사는 내담자의 삶에서 반복되는 모든 문제의 이면에 깔린 무의식적인 삶의 스크립트가 되는 것이다. 이 서사를 명확히 발견하는 행위는 고통을 재현하는 프로그램의 마스터키를 손에 쥐고, 그 패턴을 근원적으로 파기할 힘을 얻는 것과 같이 근원적이고 중대한 문제 확인 지점에 접근하고 있다는 신호다.

3-4-3. 보조그룹을 통한 서사의 완성

핵심 키워드 그룹은 그 자체만으로는 완전한 이야기를 들려주지 못하는데 마치 연극의 주인공처럼, 그 의미와 성격은 주변 인물들과의 관계 속에서 비로소 명확해지는 것이다. 이때 주인공을 도와 스토리를 완성하는 조연들이 바로 '보조그룹'에 해당하며 이들은 핵심 그룹만으로는 충분히 드러나지 않은 문제의 원인, 배경, 결과를 보충 설명해 주는 역할을 한다.

독자의 이해를 돕기 위해 부록 p.183의 [아버지 2차그룹화]

이미지를 함께 펼쳐보기를 강력히 권한다. [아! 아버지]라는 주제어로 펼쳐진 1차가지 중 육군본부 아래 다시 2개의 2차가지들, [훈장들] 가지와 [PTSD] 가지가 나타난다. 여기의 [육군본부]라는 보조그룹(2차가지)은 [아버지] 가지 속의 숨은 핵심 사건의 과거라는 역사적 배경을 분석하여 제공한다.

동일한 사건의 추적을 위한 강한 충격의 여파를 주인공이 살아야 할 생존위주로 문제를 캐어내는 [어떻게 살아가나?] 주제어는 분석단계의 심리지도에서 미래의 설계 중심으로 관심이 이동하는 내면지도이다. [어떻게 살아가나?]라는 주제어 아래 브레인스토밍을 실시한 이후의 1차가지에 이어 2차가지에 연속으로 나타난 [중학교어둔시절]의 도면을 살펴보아야 한다. 그 안의 '술만 먹으면', '돌아', '폭파', '다 부수고', '집나가' 같은 가지들은, 아버지의 비극적 고통이 어느 날 갑자기 시작된 것이 아니라 내담자의 소년 시절부터 계속되어 온 만성적인 문제였음을 명확히 보여준다.

위의 사례 이미지 중 "어떻게 살아가나 2차그룹화"에서 아버지 충격이란 보조가지 아래 〈평생의 짐〉 속의 하위 가지는 사건에 대한 내담자의 철학적, 운명론적 해석을 담고 있다. 특히 그 안의 **'PTSD 지금 알았지'**라는 가지는, [아! 아버지] 주제어 아래 [육군본부] 하위 가지에서 나타난 이후, 아버지의 모든 비극적 행동을 '전쟁 트라우마'라는 하나의 거대한 서사로 통합시키는 결정적인 통찰을 제공한다.

이처럼 핵심 그룹과 보조그룹이 나란히 배치될 때, 각각을 따로 볼 때는 보이지 않았던 새로운 연결고리가 드러나는 '시너지 효과'가 발생함에 따라 이를 인식하기 시작한 내담자는 비로소 자신의 문제가 단순히 현재의 문제가 아니라, 과거로부터 이어진 복잡하고 깊은 국가 단위의 깊고 거대한 뿌리를 가진 패턴임을 통찰하게 된다.

이러한 통찰의 심화는 내담자가 자신의 고통을 더 넓은 맥락에서 이해하게 돕는다. 그는 더 이상 자신을 고립된 문제의 희생자로 여기는 대신, 거대한 역사의 흐름 속에서 자신의 서사를 이해하는 성숙한 시각을 갖게 된다. 이처럼 보조그룹은 흩어져 있던 점들을 연결하여, 내담자가 자기 삶의 전체 그림을 볼 수 있도록 돕는 가장 중요한 역할을 수행하는 것이다.

3-4-4. 지도의 재구성: 자기서사의 편집자

핵심 키워드 그룹과 보조그룹이 어느 정도 파악되면, 내담자는 마우스를 사용해 지도를 재구성하기 시작한다. 화면 중앙에 핵심 키워드 그룹을 크게 배치하고, 그 주위로 가장 관련성이 높다고 생각되는 보조그룹들을 위성처럼 배열하는 조정의 단계로 들어간다. 이는 마치 혼돈의 우주에 스스로의 의지로 새로운 질서를 부여하여 '태양계'를 창조하는 행위와 같다. 문제의 진앙지인 핵심 그룹이 '태양'이 되어 중심을 잡고, 그 원인과 배경, 결과를 설명하는 보조그룹들이 '행성'처럼 그 주위를 공전하기 시작하는 것이다.

이 재구성 작업은 단순히 보기 좋게 정리하는 것이 아니라 이것은 내담자가 자신의 내면세계를 주체적으로 편집하고, 새로운 서사를 써 내려가는 매우 강력한 치료 행위인 것이다. 그는 더 이상 과거의 기억에 의해 일방적으로 속박되는 수동적인 '희생자'가 아니라, 어떤 기억을 중심에 놓고 어떤 기억을 주변에 배치할지 스스로 결정하는 능동적인 '편집자'이자 '연출가'로 거듭난다. 이 권력 회복의 경험이야말로 내담자의 자기 효능감을 극적으로 끌어올리는 매우 중요한 순간인 것이다.

최종적으로 재구성된 "심리지도"는 내면 문제에 대한 '객관화된 도면'이 된다. 이 과정은 내 안의 갈등 구조를 밖으로 끌어내어 객관화시킨 하나의 도면으로서, 내담자가 제3자적 입장에서 대하기 시작하는 순간이다. 그는 처음으로 자신의 고통을 안전한 심리적 거리에서, 마치 다른 사람의 이야기처럼 바라볼 수 있는 "제3자적 시점"을 획득하게 되며 이 시점의 확보야말로 감정의 소용돌이에서 벗어나 문제의 본질을 냉철하게 분석할 수 있는 전제 조건이다.

이처럼 "심리지도"의 재구성은 혼돈스러웠던 내면의 군도(群島)를, 질서정연한 태양계로 바꾸는 작업이다. 내담자는 이 과정을 통해 자신의 문제가 다룰 수 없는 거대한 혼돈이 아니라, 분명한 구조와 인과관계를 가진 이해 가능한 대상임을 깨닫게 되는 것이다. 이 깨달음은 이후 상세화와 해법 탐색 단계로 나아갈 수 있는 가장 단단한 심리적 발판이 되어줄 것이다. 핵심서사의 발견은 내담자가 '피해자의 정체성'이라는 심리적 감옥에서 영원히 벗어나, 자신의 운명과 서사를 스스로 책임지는 해방된 창조자로 완전하게 우뚝 서는 순간이 되는 것이다.

결론적으로, "심리지도"의 재구성은 내담자가 자신의 서사에 대한 완전한 주도권을 되찾아오는 상징적인 의식이며 그는 더 이상 과거에 얽매인 존재가 아니라, 과거의 재료들을 가지고 새로운 의미를 창조하는 현재의 주체적 존재임을 확인하는 것이다. 이 깨달음을 통해, 비로소 진정한 의미의 치유와 성장이 시작될 수 있는 것이다.

3-4-5. 상담사의 역할: 조력자이자 촉진자

2차그룹화 과정에서 상담사는 결코 자신의 해석을 강요해서는 안 되며, 내담자가 스스로 단서를 발견하고 의미를 구성하도록 돕는 '안내자'의 역할을 수행해야 한다. 내담자가 1차그룹화된 맵의 혼돈 앞에서 길을 잃고 헤맬 때, 상담사는 정답을 알려주는 대신, 함께 지도를 읽어주는 동료 탐험가가 되어야 하는데, 이 단계에서 상담사의 가장 중요한 역할은 내담자의 내면에서 일어나는 미세한 변화를 알아차리고 그것을 지지해 주는 것이다.

상담사는 내담자의 통찰을 촉진하기 위해 '소크라테스식 질문'을 활용할 수 있다. 예를 들어, "이 그룹을 보니 어떤 느낌이 드시나요?" 혹은 "이 두 그룹에 공통적으로 나타나는 이 단어는 우리에게 무엇을 말해주고 있을까요?"와 같은 개방형 질문을 통해, 내담자가 스스로 생각의 깊이를 더하고 숨겨진 연결고리를 발견하도록 돕는다. 이는 상담사의 가설을 확인하는 질문이 아니라, 내담자의 고유한 의미 체계를 존중하며 그의 탐험을 격려하는 것이다.

내담자가 침묵 속에서 자신의 발견과 마주할 때, 그 침묵의 시간을 편안하게 견디고 지켜봐 주는 것은 상담사의 가장 중요한 역할 중 하나이다. 통찰은 종종 격렬한 활동이 아닌, 고요한 숙고의 시간 속에서 태어나기 마련인데 상담사의 조급함이나 섣부른 개입은 이 소중한 탄생의 순간을 방해할 수 있다. 이처럼 침묵을 견디고 허용하는 것은 단순히 기다림이 아닌, 내담자 내부에서 통찰의 불씨가 스스로 타오르도록 돕는 가장 고도의 산파술(産婆術)이 되는 것이다. 상담사는 침묵을 통해 내담자의 주체적인 발견을 전폭적으로 지지하는 강력한 비언어적 메시지를 전달하는 것이다.

그 침묵을 온전히 허용하고 기다려주는 태도야말로 내담자에게 "당신의 작업 속도를 존중합니다. 충분히 생각하셔도 괜찮습니다"라는 가장 깊은 신뢰의 메시지를 전달하는 방법이다.

이처럼 2차그룹화 단계에서 상담사는 내담자의 뒤에서, 혹은 옆에서 함께 걷는 동반자인 것이다. 내담자 스스로 길을 찾을 수 있도록 믿고 기다려주되, 길을 잃고 헤맬 때는 방향을 알려주는 나침반이 되어주고, 지쳐 쓰러지려 할 때는 기댈 수 있는 언덕이 되어주는 것, 이것이 바로 '의미의 산파'로서 상담사가 수행해야 할 소중한 역할이다.

이 과정을 통해 상담사는 내담자가 자신의 고통을 스스로 극복하고 성장하는 모습을 지켜보는 경이로운 경험을 하게 되며 이는 상담사에게도 큰 보람과 성장의 기회가 되며, 이처럼 내담자와 함께 성장하는 경험이야말로 이 기법이 가진 또 다른 중요한 가치라 할 수 있다.

결론적으로, 2차그룹화 과정에서의 상담사는 단순한 문제해결을 돕는 전문가가 아니라, 내담자의 성장을 지켜보며 자신의 전문성을 확장하는 진정한 의미의 치료적 동반자가 되는 것이다. 이 상호적인 성장의 경험이야말로 마인드맵 상담이 추구하는 궁극적인 인간 가치인 것이다.

제 3 부

자기 이야기 구조의 재구성

제4장 마인드맵 상담의 실제(하)

4-1. 3단계: 그룹의 상세화하기

지금까지 우리는 제3장을 통해 고통의 "심리지도"를 상세히 그리는 과정을 살펴보았다. 이제 4장에서는 이 지도를 바탕으로 문제해결을 위한 새로운 길을 설계해 나갈 것이다. '그룹화'를 통해 완성된 "심리지도"는 내면세계의 구조를 보여주는 훌륭한 뼈대(骨格)이지만, 아직 생명이 깃들지 않은 상태와 같다. 이 제3단계의 철학적 목표는 바로 이 뼈대에 따뜻한 피가 흐르는 살과 근육을 붙여, 스스로 숨 쉬고 생각하는 하나의 살아있는 유기체로 완성하는 것이다. 이는 단순히 정보를 추가하는 기술적 차원을 넘어, 흩어져 있던 기억의 파편들에 의미와 생명력을 불어넣는 창조적 과정이다.

내담자는 이 단계를 통해 자신의 내면 "심리지도"가 단순한 과거 기록이 아니라, 현재 자신의 감정과 행동 패턴을 만들어 내는 살아있는 동력임을 깨닫게 된다. 즉, 죽은 박물관의 지도를 탐험가의 살아있는 항해일지로 변모시키는 작업이며, 이 과정을 통해 내담자는 비로소 자신의 내면세계를 온전히 이해하고 통제(Control)할 수 있는 주체로 거듭나게 된다. 이 단계는 분석을 넘어 통합으로, 이해를 넘어 체화(體化)로 나아가는 결정적인 전환점이다.

4-1-1. 상세화와 스토리텔링, 두 날개의 시너지

이 유기체를 완성하기 위해 우리는 상세화(深化)와 스토리텔링(敍事)이라는 두 개의 강력한 날개를 사용한다. 이 둘은 분리될 수 없는 상호 보완적 관계를 맺는다. '상세화'가 지도 위의 각 그룹(점)을 현미경으로 들여다보듯 그 내부의 밀도를 높이는 수직적 심화 작업이라면, '스토리텔링'은 그 점들을 망원경으로 조망하며 서로의 관계와 패턴을 파악하는 수평적 연결 작업이다. 상세화 없는 스토리텔링은 구체성이 결여된 공허한 자기합리화에 빠질 위험이 있고, 스토리텔링 없는 상세화는 전체적인 맥락을 보지 못하고 사소한 감정의 파편 속에 매몰될 수 있다.

오직 이 두 날개가 균형을 이루며 함께 움직일 때, 내담자는 자신의 내면이라는 광활한 우주를 미시적 관점과 거시적 관점 모두에서 자유롭게 비행하며 조망할 수 있는 힘을 얻게 된다. 상세화는 '무엇(What)'에 대한 깊이를, 스토리텔링은 '왜(Why)'와 '어떻게(How)'에 대한 인과율을 제공하며, 이 둘의 결합을 통해 비로소 온전한 통찰에 이를 수 있다.

4-1-2. 상세화의 힘: 추상적 공포에 얼굴을 그려주다

상세화 과정의 핵심적 치유 원리는 '추상성의 구체화'에 있다. 내담자를 오랫동안 괴롭혀 온 고통은 대부분 '불안감', '우울감', '죄책감'처럼 형태가 없는 추상적인 개념의 모습을 하고 있다. 이처럼 정체를 알 수 없는 감정은 어둠 속의 괴물처럼 느껴져 우리를 더욱 무력하게 만든다. 상세화는 바로 이 어둠 속 괴물에게 조명을 비춰 그 얼굴과 형태를 명확히 드러내는 과정이다.

상담사는 "그 '불안감'이라는 그룹을 보면 어떤 구체적인 장면, 소리, 냄새가 떠오르나요?"라고 질문함으로써, 막연했던 감정의 덩어리를 오감으로 느낄 수 있는 구체적인 경험의 집합체로 변환시킨다. '불안감'은 더 이상 정체불명의 공포가 아니라, '창백한 병원 복도의 소독약 냄새', '아버지의 마른기침 소리', '손에 꽉 쥐고 있던 축축한 성적표'와 같은 구체적인 기억의 조각들로 해체된다.

이렇게 구체화된 기억은 더 이상 내담자를 압도하는 괴물이 아니라, 내가 분석하고 다룰 수 있는 명확한 '데이터'가 된다. 추상적인 고통을 구체적인 데이터로 변환하는 이 행위는 내담자에게 심리적 통제력을 회복시켜 주는 것이다. 문제의 실체가 명확해지는 순간, 무력감은 문제 해결을 위한 지성적 에너지로 전환되는 것이다.

효과적인 상세화를 위해 상담사는 내담자가 기억의 심해를 안전하게 탐사하도록 돕는 정교한 질문 기술을 사용해야 한다. 이는 단순히 "더 자세히 말해보세요."라고 요구하는 것과는 차원이 다르다.

첫째, 감각 중심의 질문을 통해 기억을 생생하게 재현시킨다. "그 장면 속에 당신이 지금 서 있다면 무엇이 보이고 들리나요? 그때 주변의 온도나 바람은 어땠나요?"와 같은 질문은 내담자를 과거의 특정 순간으로 안전하게 이동시켜, 이성(Ego)이 편집하기 이전의 날것 그대로의 감각적 데이터를 길어 올리게 한다.

둘째, 은유와 상징을 활용한 질문은 감정의 본질에 더 깊이 다가가게 돕는다. "그 '억울함'이라는 감정은 어떤 색깔이나 모양을 하고 있나요? 만약 무게가 있다면 얼마나 무거울까요?" 이러한 질문은 언어로 표현하기 힘든 복잡한 감정의 질감을 비언어적, 상징적 차원에서 탐색하게 함으로써 내담자의 우뇌를 활성화시킨다. 이러한 다각적인 질문들을 통해 각 그룹은 단어의 목록을 넘어, 생생한 감각과 이미지가 살아 숨 쉬는 하나의 작은 세계로 확장된다.

4-1-3. 스토리텔링의 힘: 삶의 저자가 되는 경험

인간은 이야기를 통해 자신과 세계를 이해하는 '호모 나랜스(Homo Narrans, 이야기하는 인간)'이다. 스토리텔링 단계의 궁극적인 힘은 내담자가 자신의 삶에 대한 '해석의 주도권'을 되찾아 오는 데 있다. 과거의 고통스러운 사건들은 그 자체로는 의미 없는 파편에 불과하지만, 어떤 서사적 틀 안에 놓이느냐에 따라 그 의미는 완전히 달라진다. 내담자는 지금까지 '나는 상처 때문에 불행해졌다'는 식의 수동적이고 패배적인 서사 속에서 자신을 피해자로 규정해 왔을 수 있다. 스토리텔링 과정은 바로 이 낡은 서사를 해체하고, 지도 위에 드러난 객관적인 사실들을 바탕으로 새로운 서사를 재구성하는 작업이다.

내담자는 각 그룹(사건)들을 연결하며 "그 상처가 있었기 때문에, 나는 오히려 사람의 아픔을 더 깊이 이해하게 되었다."와 같은 새로운 인과관계를 발견하고, 자신의 목소리로 선언하게 된다. 이 순간, 내담자는 더 이상 과거에 의해 속박당하는 존재가 아니라, 자신의 과거에 의미를 부여하고 미래를 써 내려가는 삶의 저자(著者)로 거듭나는 경이로운 경험을 하게 된다.

상담사는 내담자가 자신만의 고유한 서사를 완성하도록 돕는 유능한 편집자이자 조력자가 되어야 한다. 이를 위해 상담사는 단선적인 시간 순서에서 벗어나, 사건들 사이에 숨겨진 복잡한 인과관계를 드러내는 질문을 던진다.

첫째, '결정적 장면'을 찾는 질문을 통해 이야기의 핵심 갈등을 부각한다. "이 모든 지도의 흐름을 바꾼 가장 결정적인 전환점이 된 사건(그룹)은 무엇인가요?" "만약 그 순간으로 돌아가 다른 선택을 할 수 있었다면, 그 뒤의 이야기는 어떻게 달라졌을까요?"

둘째, '반복되는 패턴'을 인식시키는 질문을 통해 내담자가 자신의 삶을 관통하는 핵심 주제를 발견하도록 돕는다. "지도에서 보니 '버려짐에 대한 두려움'이라는 주제가 여러 다른 그룹에서도 비슷한 형태로 나타나는 것 같습니다. 어떻게 생각하시나요?" 이러한 질문들을 통해 내담자는 개별적인 사건들 너머에 있는 자신의 핵심 신념 체계나 행동 패턴을 거시적인 관점에서 조망하게 되며, 이것이 바로 근본적인 변화의 시작점이 된다.

4-1-4. 통찰의 완성: 살아있는 지도의 탄생

상세화와 스토리텔링이 정점에 이르는 순간, 내담자는 안개가 걷히듯 모든 것이 명확해지는 통찰(Insight)의 순간을 경험한다. 이는 단순히 '머리로 아는 것'과는 다른, 가슴으로 깨닫고 온몸으로 전율하는 깊은 차원의 체험이다. 지금까지 자신을 괴롭히던 문제들이 왜 발생했으며, 서로 어떻게 연결되어 지금의 나를 만들었는지, 그 거대한 심리적 인과관계의 지도가 한눈에 선명하게 들어오는 것이다. '아!' 하는 짧은 감탄사와 함께, 내담자는 오랫동안 자신을 묶고 있던 보이지 않는 사슬의 정체를 깨닫고, 그로부터 해방될 수 있다는 가능성을 발견한다.

이 통찰의 경험은 강력한 감정적 정화(카타르시스)를 동반하며, 문제에 압도당하던 무력한 상태에서 벗어나 문제를 해결할 수 있는 주체로서의 자기 효능감을 극적으로 회복시킨다. 마치 복잡한 미로의 꼭대기에 올라 전체 길을 조망하게 된 것처럼, 내담자는 더 이상 길을 잃지 않을 것이라는 깊은 안도감과 자신감을 얻게 된다.

이렇게 제3단계를 성공적으로 마쳤을 때, 내담자의 손에는 마침내 한 장의 '살아있는 지도'가 들려있다. 이것은 더 이상 과거의 상처를 기록한 '문제 지도'가 아니다. 오히려 현재 자신의 감정과 행동의 근원을 실시간으로 보여주는 '심리 내비게이션'에 가깝다. 내담자는 이 지도를 통해 자신이 어떤 상황에서 왜 특정 방식으로 반응하는지 그 뿌리를 이해하게 되며, 반복되던 부정적인 패턴을 의식적으로 끊어낼 힘을 얻는다.

즉, '나는 왜 이럴까?'라는 자책 섞인 질문에서 벗어나, '아, 나의 이 행동은 지도 위의 저 부분과 연결되어 있구나'라고 객관적으로 인식할 수 있게 되는 것이다. 이처럼 자신의 내면세계를 완벽하게 이해하고 조망할 수 있는 도구를 갖게 된 내담자는 이제 새로운 질문을 던질 준비를 마친다. "그렇다면 나는 이제 어디로 가야 하는가?" 이 질문은 다음 단계의 문을 여는 열쇠이다.

결론적으로, '살아있는 지도'는 과거의 상처를 기록한 진단서가 아니라, 미래의 행동을 예측하고 새로운 삶을 설계하기 위한 가장 정밀하고 주체적인 청사진(Blueprint)이 되는 것이다. 내담자는 이 지도를 기반으로 다음 단계인 재창조의 여정을 시작하게 되는 것이다.

4-2. 4단계: 재창조; 새로운 지도 그리기

4-2-1. 분석에서 설계로: 4단계의 철학적 전환

지금까지의 여정이 자신의 내면세계를 탐사하고 이해하는 고고학자의 여정이었다면, 4단계는 그 이해를 바탕으로 새로운 세계를 창조하는 건축가의 여정이다. 이는 상담의 패러다임이 과거에 대한 분석(Analysis)에서 미래를 향한 설계(Design)로 전환되는 결정적인 순간이다. 제1단계부터 제3단계를 통해 완성된 '문제의 지도'는 내담자가 어디에 갇혀 있었는지, 어떤 늪에 빠져 있었는지를 보여주는 귀중한 진단서이지만, 그것 자체가 목적지가 될 수는 없다.

내담자는 이제 "나는 왜 아팠는가?"라는 질문을 넘어 "나는 어떻게 건강해질 것인가?"라는 희망의 질문을 던져야 한다. 이 단계의 철학적 핵심은 내담자가 더 이상 과거의 피해자나 분석 대상에 머무르지 않고, 자신의 미래를 능동적으로 계획하고 창조하는 삶의 주체임을 확인하는 데 있다. 과거의 지도를 불태우는 것이 아니라, 그것을 디딤돌 삼아 새로운 목적지를 향한 항해를 시작하는 것이다.

4-2-2. 새로운 지도의 탄생: 솔루션 맵(Solution Map)의 개념

'재창조' 단계의 구체적인 결과물은 바로 '솔루션 맵(Solution Map)', 즉 '해결 지도'이다. 이것은 단순히 해야 할 일 목록(To-do list)을 나열하는 것과는 근본적으로 다르다. 솔루션 맵은 내담자가 궁극적으로 도달하고자 하는 긍정적인 비전을 중심 주제로 삼는 새로운 마인드맵이다.

예를 들어, 중심 주제는 '내가 진정으로 원하는 나의 모습' 혹은 '평화로운 일상'이 될 수 있다. 그리고 중심에서 뻗어나가는 주 가지들은 '건강한 인간관계 맺기', '나를 존중하는 습관 만들기', '새로운 일에 도전하기' 등, '문제의 지도'를 통해 얻은 통찰을 바탕으로 설정된 구체적인 삶의 목표들이 된다. 이처럼 솔루션 맵은 문제 중심적 사고에서 벗어나 목표 지향적, 강점 중심적 사고로의 전환을 시각적으로 구현한 도구이다. 내담자는 이 솔루션 맵을 펼쳐 볼 때마다 자신이 나아가야 할 방향과 목적지를 한눈에 확인하며 동기를 부여받게 된다.

새로운 지도를 그리기 전, 가장 먼저 해야 할 일은 목적지를 명확히 하는 것이다. '비전 캐스팅'은 내담자가 길을 잃지 않게 해 줄 내 마음속 밝은 등대 하나를 띄우는 과정이다. 상담사는 내담자의 상상력을 자극하는 강력하고 긍정적인 질문을 던진다. "만약 당신을 괴롭히던 모든 문제에서 완전히 자유로워진다면, 1년 뒤 당신의 하루는 어떤 모습일까요? 아침에 눈을 뜰 때 어떤 기분일지, 누구와 함께 무엇을 하며 웃고 있을지, 잠자리에 들 때는 어떤 만족감을 느낄지 최대한 생생하게 그려 보세요."

이 과정은 허황된 망상이 아니라, 뇌가 목표를 현실로 인식하고 그 방향으로 움직이도록 프로그래밍하는 인지과학적 원리를 활용하는 것이다. 이렇게 구체화된 비전(VISION)은 강력한 내적 동기가 되어, 앞으로 마주할 어려움을 이겨낼 힘을 제공한다. 이 생생한 미래의 모습이 바로 솔루션 맵의 중심에 놓일 핵심 주제가 된다.

솔루션 맵은 과거의 문제 지도에서 발견된 부정적 핵심 패턴에 대항하는 새로운 솔루션 맵의 신경 경로를 구축하는 능동적인 치유 과정이 되는 것이다. 내담자의 뇌는 목표 지향적 사고를 통해 무력감의 회로를 억제하고 희망의 프로그램을 가동하게 되는 것이다.

• 솔루션 맵의 예시(필자 중심)

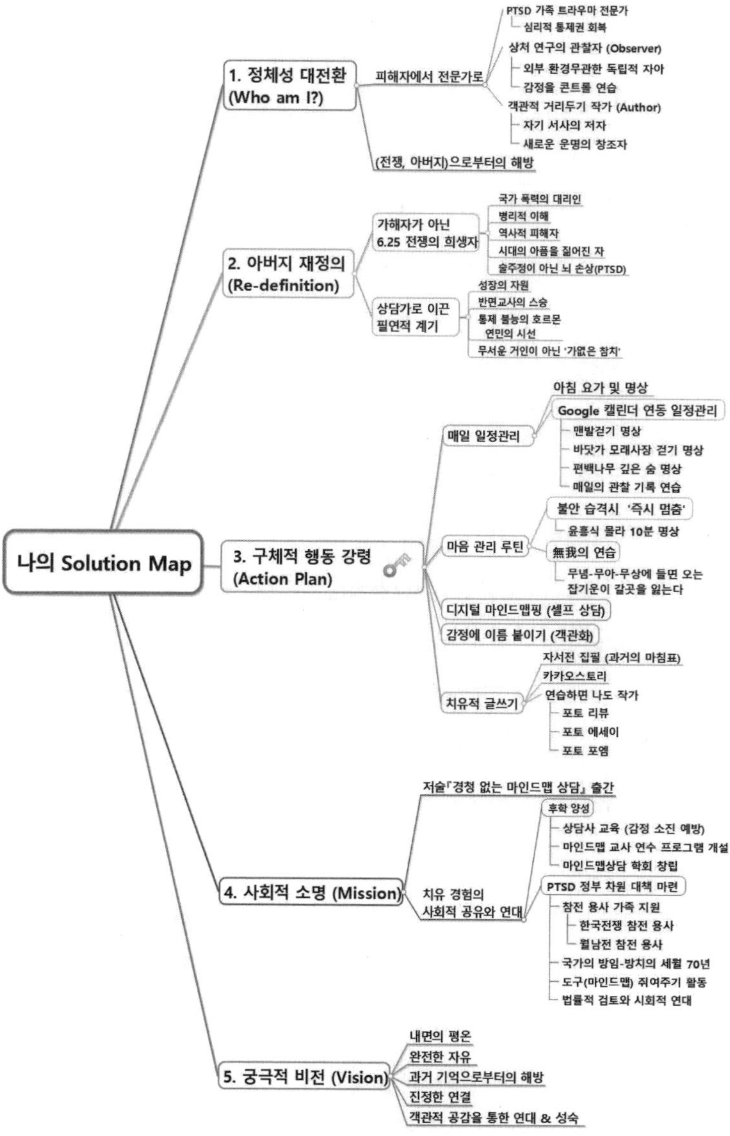

4-2-3. 비전에서 행동으로: 역산 설계(Reverse Engineering)의 기술

아무리 멋진 비전이라도 구체적인 행동 계획이 없다면 한낱 꿈에 불과하다. '역산 설계'는 거대한 비전을 현실로 가져오는 가장 효과적인 전략이다. 이는 최종 목표 지점(비전)에서부터 거꾸로 거슬러 올라와 현재 내가 해야 할 일을 찾아내는 방식이다. 상담사는 "1년 뒤의 그 멋진 모습을 현실로 만들기 위해, 6개월 뒤에는 어떤 상태가 되어 있어야 할까요? 그렇다면 한 달 뒤에는, 그리고 이번 주에는 무엇을 해야 할까요? 오늘 당장 시작할 수 있는 가장 작고 사소한 행동 한 가지는 무엇일까요?"라고 질문하며 목표를 잘게 쪼개도록 돕는다.

예를 들어, '건강한 인간관계'라는 거대 목표는 '오랜 친구에게 연락하기'라는 중간 목표로, 다시 '오늘 저녁 안부 문자 보내기'라는 즉각적인 행동으로 구체화된다. 이 과정을 통해 내담자는 막막하게만 느껴졌던 변화의 여정이 '오늘의 작은 실천' 하나로 시작될 수 있다는 자신감을 얻게 된다.

새로운 길을 가는 여정에는 언제나 예상치 못한 장애물이 나타나기 마련이다. '사전 점검'은 계획이 실패할 것을 미리 가정하고 그 원인을 예측하여 대비책을 세우는 현명한 전략이다. 상담사는 "이 위대한 계획을 실행하다가 포기하게 된다면, 가장 가능성이 높은 이유는 무엇일까요?"라고 질문하여 내담자가 마주할 내적, 외적 장애물을 솔루션 맵 위에 미리 그려 넣도록

한다.

예를 들어, '작심삼일 하는 나의 오랜 습관', '변화를 원하지 않는 가족의 반대', '스트레스 받으면 폭식하는 버릇' 등이 장애물로 추가될 수 있다. 그리고 각 장애물 옆에는 그것을 극복하기 위한 구체적인 대응 전략('계획이 틀어지면 자책 대신 심호흡하기', '가족에게 나의 계획을 차분히 설명하는 연습하기')을 함께 기록한다. 이는 실패에 대한 막연한 두려움을 구체적인 대응 계획으로 전환시켜, 내담자가 역경 속에서도 포기하지 않고 나아갈 수 있도록 하는 강력한 심리적 안전장치가 되어준다.

사전 점검은 내담자의 무의식 속에 잠재된 실패에 대한 두려움을 '선택 가능한 통제력'으로 변환하는 치유적 의식이 되는 것이다. 이 과정을 통해 내담자는 위기를 회피하는 존재가 아니라 미리 대비하는 능동적인 삶의 주인임을 온전히 체득하게 되는 것이다. 일정 관리는 이런 관점에서 매우 중요하다. 특히 요즘 누구나 들고 다니는 핸드폰 속의 구글 캘린더를 활용하면 사전 점검 기능으로서 일정 관리는 쉽고 간편하게 해결할 수 있다.

4-2-4. 상담사의 역할 전환: 응원하는 코치 & 현실적인 조력자

(1) 코치로서의 역할: 자기 효능감의 건축가

4단계, 즉 재창조 단계에서 상담사의 역할은 과거를 탐사하는 **고고학 가이드**에서 미래를 향해 함께 뛰는 '코치(Coach)'로 확연히 달라져야 한다. 코치는 문제의 원인을 파헤치는 대신, 내담자가 세운 계획을 지지하고, 작은 실천 하나하나를 함께 기뻐하며 나아갈 용기를 북돋아 주는 **든든한 응원단**이 되어야 한다.

이러한 지지와 인정은 단순히 던져진 격려의 말을 넘어선다. "지난주에 세웠던 작은 약속을 지키셨군요, 솔루션 맵에 표시된 대로 정확히 해냈습니다. 정말 대단합니다!"와 같은 **구체적인 인정과 격려**는 내담자의 **자기 효능감**을 높이는 가장 좋은 영양분이다. 코치는 내담자가 **성공의 경험**을 통해 자신의 새로운 이야기 구조(Narrative)를 스스로 증명하도록 돕는다. **솔루션 맵**은 이때 **내담자 영혼의 스코어보드**가 되어, 자신의 변화가 **객관적인 데이터**로 축적되고 있음을 시각적으로 확인시켜 주는 것이다.

상담사는 이 과정에서 내담자의 주체성(Agency)을 지속적으로 강화해야 한다. 내담자의 통찰과 행동이 **자신의 선택**임을 거듭 확인시켜 줌으로써, **치료에 대한 의존성**을 예방하고 **새로운 삶의 저자**로서의 정체성을 공고히 하는 것이다. 상담사는

결과를 책임지는 것이 아니라, **내담자가 설정한 과정**을 끝까지 지지하고 동행하는 **중립적인 조력자**가 되어야 한다.

(2) 현실적인 조력자: 지속 가능한 변화의 설계

동시에 상담사는 내담자의 계획이 **현실성을 잃지 않도록** 돕는 '현실적인 조력자'의 역할도 수행해야 한다. 재창조의 과정에서는 **지나친 의욕**으로 인해 내담자가 **무리한 계획**을 세우거나, **과거의 패턴**을 너무 빨리 극복하려다 번아웃(Burnout)에 빠지는 경우가 빈번하다.

상담사는 이때 **객관적인 현실 감각**을 제공해야 한다. 만약 내담자가 능력 이상의 목표를 세운다면, "그 목표도 정말 멋지지만, 혹시 목표를 반으로 나눠서 시작해 보는 건 어떨까요? **성공의 작은 경험**을 꾸준히 쌓는 것이 **지속 가능한 변화**에는 더 중요합니다."와 같이 제안하며 **계획을 현실화**해야 한다. 이는 역산 설계(Reverse Engineering)를 통해 확인된 **최소 실천 단위**가 내담자의 현재 역량에 부합하는지 **현실적인 검토**를 거치는 과정이다.

또한, 상담사는 내담자가 **실패를 경험했을 때** 재빨리 '실패 재구성(Reframing Failure)'을 유도해야 한다. 실패를 '과거 패턴으로의 회귀'가 아닌, '솔루션 맵을 수정할 새로운 데이터'로 해석하도록 돕는 것이다. 이를 통해 내담자는 좌절감에 빠지는 대신, **현실을 점검하고 계획을 수정**하는 **능동적인 자기 관리자**로 거듭난다.

(3) 균형의 전문성: 치료적 예술의 완성

결국 4단계 상담사에게 요구되는 최고의 전문성은 지지(Support)와 현실 감각(Reality Check)이라는 **상반된 가치 사이에서 완벽한 균형**을 잡는 능력이다. 이는 내담자의 이상화된 비전(Vision)과 **현재의 한계(Limitation)** 사이의 간극을 이해하고, 그 간극을 **좌절 없이 메워나갈 수 있는 안전한 다리**를 놓아 주는 것과 같다. 이처럼 **지지와 현실 사이의 치료적 균형**이야말로 마인드맵 상담이 지향하는 **미래 설계 코칭의 예술**이 되는 것이다.

4-3. 마지막 단계: 솔루션 맵의 완성, 문제의 확정과 해법의 발견

지금까지의 모든 여정은 이 마지막 단계를 위해 존재한다. 내담자의 손으로 직접 완성된 "솔루션 맵"은 단순한 결과물이 아니라, 상담의 패러다임 자체가 전환되는 새로운 출발선이다. 이제 우리는 이 지도 위에서, 전통 상담과는 전혀 다른 경로로 '문제'를 확정하고 '해법'을 탐색하는 이 기법의 진정한 혁신성을 목도하게 될 것이다.

4-3-1. 문제의 확정: '해석(Interpretation)'이 아닌 '자각(Self-realization)'

전통 상담에서 '문제의 확정'은 종종 상담사의 '해석'을 통해 이루어진다. 상담사는 내담자의 파편적인 진술을 듣고, 자신의 전문 지식과 이론이라는 정교한 필터를 통해 문제의 원인과 구조를 진단한다. "당신의 문제는 아마 어린 시절의 경험 때문인 것 같군요." 이 해석이 정확할 때 내담자는 통찰을 얻지만, 그 통찰의 주권은 여전히 상담사에게 있다. 문제는 내담자의 외부에서 '진단'되고 '규정'된다.

그러나 마인드맵 상담에서 '문제의 확정'은 해석이 아닌, 내담자 스스로의 '자각'을 통해 일어난다. 완성된 "솔루션 맵"은 내담자 자신의 내면이 왜곡 없이 투영된 객관적인 거울이다. 상담사는 해석을 내리는 진단자가 아니라, 내담자가 그 거울을 제대로 보도록 돕는 안내자일 뿐이다. 내담자는 상담사의 분석을 듣는 것이 아니라, 자신의 눈으로 자기 마음의 패턴을 직접 목격한다. '아버지에 대한 분노' 그룹과 '직장 상사에 대한 불안' 그룹에 공통적으로 '인정받지 못함'이라는 가지가 연결된 것을 시각적으로 확인하는 순간, 그는 외부의 설득이 아닌 자신의 작업을 통해 진실을 발견하는 중대한 성취를 경험한다. 이것이 바로 이 기법이 추구하는 문제의 확정이다. 즉, 문제를 '진단받는' 것이 아니라, 스스로 '깨닫는' 것이다.

이 주체적인 '자각'의 경험이야말로 내담자에게 '내 안에는 이미 문제를 치유할 힘이 존재한다'는 근본적인 자기 신뢰를 각인시키는 것이다. 이 자기 신뢰의 획득이야말로 해법 탐색으로 나아가는 가장 견고한 심리적 교두보가 되는 것이다.

4-3-2. 해법의 탐색: '처방(Prescription)'이 아닌 '발견(Discovery)'

문제의 확정 방식이 다르듯, 해법을 찾는 경로 또한 근본적으로 다르다. 전통 상담에서 해법은 종종 상담사의 이론적 도구함에서 나오는 '처방'의 형태를 띤다. 문제에 대한 진단이 내려지면, 그에 맞는 인지행동치료 기법이나 이완 훈련 같은 해결책이 외부에서 제안된다. 이는 길을 잃은 이에게 약을 건네주는 것과 같다.

그러나 마인드맵 상담에서 해법은 처방되는 것이 아니라, 이미 완성된 '솔루션 맵' 속에서 '발견'된다. "심리지도"는 고통의 기록일 뿐만 아니라, 그 고통을 이겨낸 힘의 증거들이 새겨진 '보물지도'이기도 하다. '해법의 탐색'이란, 바로 이 지도 위에 숨겨진 보물을 찾아내는 과정이다. 내담자는 '아버지 충격'이라는 거대한 고통의 산맥 속에서도, [요가센터 원장님]이라는 '안전지대(Safe Zone)'를 발견한다. '나는 늘 무기력하다'는 문제 서사 속에서도 '그날 아침엔 용기를 내서 산책을 했다'는 '반대 서사(Counter-narrative)'를 발굴한다.

이 발견의 순간, 내담자는 전율과 함께 깨닫는다. 해법이 상담사의 머릿속이나 위대한 이론서에 있는 것이 아니라, 바로 자신의 고통스러운 역사 속에, 그것을 버텨온 자신의 삶 속에 처음부터 존재했음을 말이다. 이것이 바로 마인드맵 상담이 제시하는 궁극의 비전이다. 우리는 내담자에게 물고기를 잡아주는 것이 아니라, 자신의 강에서 스스로 물고기를 낚는 법을 알려주고자 한다. 문제를 확정하는 힘과 해법을 발견하는 능력이 모두 내 안에 있었음을 깨닫는 것, 이것이야말로 재발 없는 진정한 치유이자 자립의 시작이다.

결론적으로, '솔루션 맵의 완성'은 이제 완전한 "최종 단계 심리지도"가 완성된 것을 의미한다. 내담자의 '자기 이야기 구조'에 대한 완전한 주권을 인식하는 것이다. 문제를 스스로 자각하고 해법을 발견하는 이 순환 구조의 확립이야말로, 외부 의존성을 끊고 영속적인 자기 성장을 가능하게 하는 궁극적인 치유의 결론이 되는 것이다.

• 심리지도 완성 단계별 요약

단계	핵심 목표 및 과정	심리적 기제 및 효과
제1단계: 기초 자료 수집	브레인스토밍(토출)	휘모리 요법을 통해 이성적 검열(에고)을 우회하고, "날것 그대로의 기억 파편(최소 단위 언어)"을 밖으로 쏟아냅니다.
1. 준비 단계	'도구와의 라포르' 형성: 상담사가 아닌 컴퓨터(도구)와 프로세스에 대한 신뢰를 먼저 구축하여	'판단하지 않는 거울'로서의 도구가 객관성 안에서의 안전감을 제공하며, 〈관찰자〉 탄생의 첫걸음이 됩니다.

단계	핵심 목표 및 과정	심리적 기제 및 효과
	심리적 압박감을 해소합니다.	
2. 토출(吐出)	시간제한 기법을 적용하여 무작위로 떠오르는 기억과 감정의 조각들을 완성된 문장 없이 빠르게 입력합니다.	심리적 배설 및 정화: 억압된 감정의 독소를 주체적으로 몰아내어 문제 해결의 출구를 생각할 힘을 얻는 일차적 카타르시스를 경험합니다.
제2단계: 심리지도 구조화	그룹화(의미의 별자리)	흩어진 혼돈(Chaos)의 파편들 속에서 삶을 관통하는 핵심 패턴을 발견하여 통찰(Insight)을 얻는 지성적 전환점입니다.
1. 1차그룹화	동일 속성에 따라 기억의 파편들을 묶어 군집(그룹)을 형성합니다.	〈관찰자〉 탄생: 내담자와 상담사가 '공동 관찰자'가 되어, 고통스러운 감정과 자신을 분리하는 '안전한 심리적 거리'를 확보합니다.
2. 2차그룹화	핵심 서사 발견: 1차그룹들 중 '감정의 무게', '가지의 밀도'가 높은 그룹을 찾아 '핵심 키워드 그룹(진앙지)'을 확정합니다.	NLP 유목화 원리 적용: 흩어진 경험 속에서 무의식적 패턴을 상향/하향 유목화하여 문제의 본질을 꿰뚫는 '생각하는 힘'을 스스로 발현시킵니다.
제3단계: 자기서사 재구성	상세화 및 스토리텔링	객관화된 도면인 심리지도를 바탕으로, 과거의 고통에 새로운 의미를 부여하는 창조적 과정입니다.
1. 그룹 상세화	추상적인 감정을 오감 중심의 구체적인 감각 정보로 깊이 파고들어 그룹에 추가합니다.	추상적 공포에 얼굴을 그려주어 다룰 수 있는 명확한 데이터로 전환하고 심리적 통제력을 회복합니다.

단계	핵심 목표 및 과정	심리적 기제 및 효과
2. 스토리 텔링	내담자가 스스로 그룹들을 연결하며 삶의 새로운 인과관계를 발견하고 인식합니다.	해석 주도권의 회복: 내담자가 수동적인 '피해자'가 아닌, 자신의 삶에 의미를 부여하는 능동적인 '저자(Author)'로 거듭납니다.
제4단계: 솔루션 맵 완성	재창조 및 해법 발견	과거 분석에서 미래 설계로 패러다임을 전환하고, 재발 없는 영속적 자립을 위한 '자기 효능감'을 내재화합니다.
1. 솔루션 맵	비전 캐스팅을 통해 긍정적인 목표를 중심에 두고, 역산 설계를 통해 구체적인 실천 계획을 세웁니다.	목표 지향적 사고를 통해 무력감의 회로를 억제하고 희망의 프로그램을 가동합니다.
2. 해법의 탐색	완성된 솔루션 맵 속에서 숨겨진 '안전지대(Safe Zone)'나 '반대 서사'를 내담자가 스스로 발견(Discovery)합니다.	해법이 외부에 있는 '처방'이 아닌, 자신의 고통스러운 역사 속에 존재했음을 깨달아 자기 신뢰를 각인시키고 자립을 완성합니다.
3. 최종 확장	셀프 상담 및 연대기적 기법을 통한 글쓰기 치유로 확장합니다.	평생의 마음 관리 도구인 '마음 설계(Mind Design)'를 습득하여, 자기 서사의 저자로서 영속적인 성장의 궤도에 진입합니다.

• 문제 확정을 위한 브레인스토밍

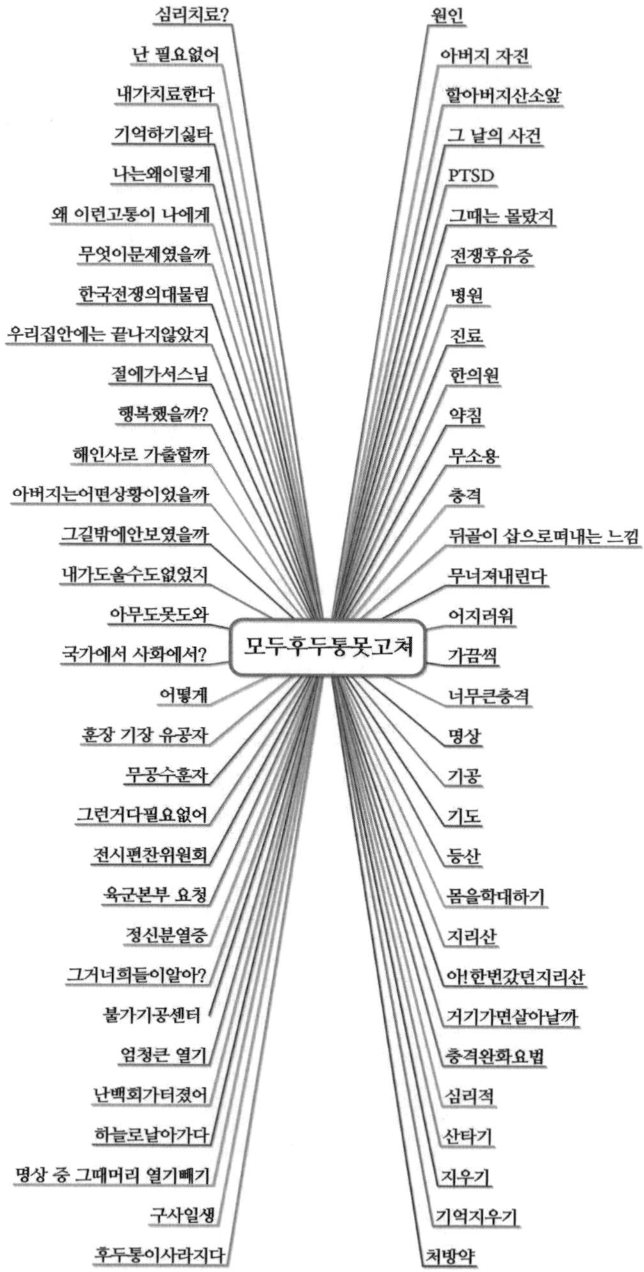

• 1차그룹화

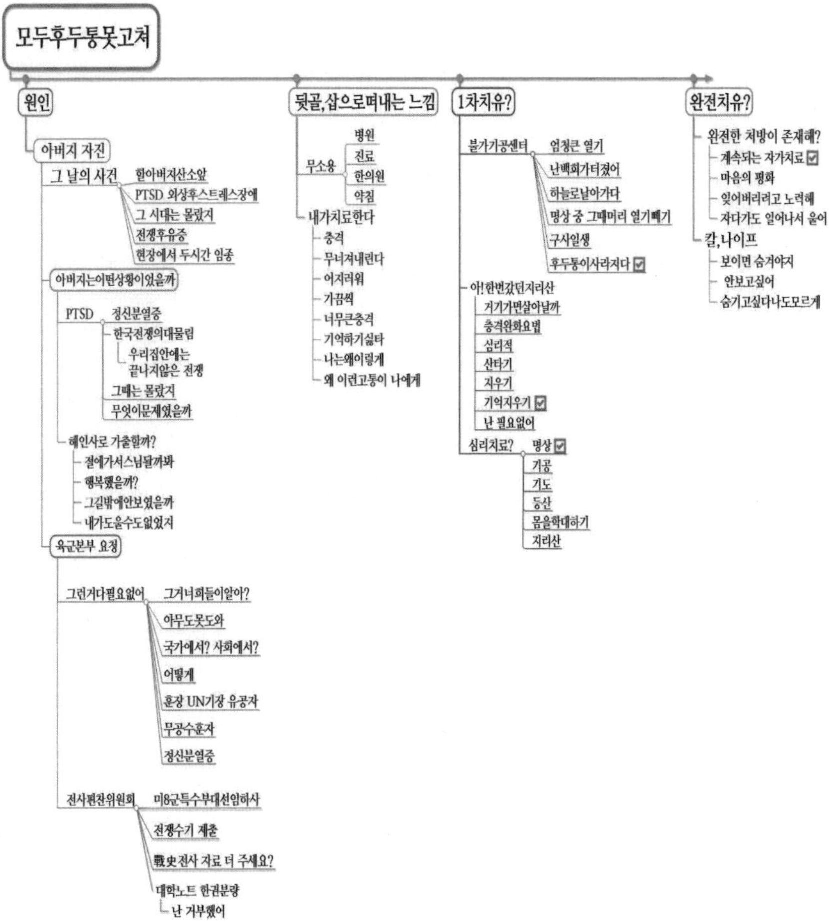
모두후두통못고쳐
원인
아버지 자진
그 날의 사건
할아버지산소앞
PTSD 외상후스트레스장애
그 시대는 몰랐지
전쟁후유증
현장에서 두시간 임종
아버지는어떤상황이었을까
PTSD
정신분열증
한국전쟁의대물림
우리집안에는
끝나지않은 전쟁
그때는 몰랐지
무엇이문제였을까
해인사로 가출할까?
절에가서스님될까봐
행복했을까?
그길밖에안보였을까
내가도울수도없었지
육군본부 요청
그런거다필요없어
그거너희들이알아?
아무도못도와
국가에서? 사회에서?
어떻게
훈장 UN기장 유공자
무공수훈자
정신분열증
전사편찬위원회
미8군특수부대선임하사
전쟁수기 제출
戰史 전사 자료 더 주세요?
대학노트 한권분량
난 거부했어
뒷골,삽으로떠내는 느낌
무소용
병원
진료
한의원
약침
내가치료한다
충격
무너져내린다
어지러워
가끔씩
너무큰충격
기억하기싫타
나는왜이렇게
왜 이런고통이 나에게
1차치유?
불가기공센터
엄청큰 열기
난백회가터졌어
하늘로날아가다
명상 중 그때머리 열기빼기
구사일생
후두통이사라지다
아!한번갔던지리산
거기가면살아날까
충격완화요법
심리적
산타기
지우기
기억지우기
난 필요없어
심리치료?
명상
기공
기도
등산
몸을학대하기
지리산
완전치유?
완전한 처방이 존재해?
계속되는 자가치료
마음의 평화
잊어버리려고 노력해
자다가도 일어나서 울어
칼,나이프
보이면 숨겨야지
안보고싶어
숨기고싶다나도모르게

제 4 부

성장과 확장

제 5 장

성장과 확장 - 상담을 넘어 평생의 도구로

5-1. 내담자의 성장: '자기 문제의 전문가'가 되다

5-1-1. 내담자의 성장: '자기 문제의 전문가'가 되다: 확장 및 심화

(1) 정체성 전환과 자립 선언

상담의 궁극적인 목표는 단순히 당면한 문제를 해결하는 것을 넘어, 내담자가 자신의 삶을 주체적으로 이끌어갈 힘을 되찾게 하는 데 있다. 마인드맵 상담의 전 과정은, 내담자가 고통스러운 사건의 '희생자'에서 자신의 내면을 탐험하는 용감한 '탐험가'로, 그리고 마침내 자신의 고통의 역사와 구조를 누구보다 잘 아는 '자기 문제의 최고 전문가'로 거듭나는 여정이다. 이 소중한 변혁은 상담사의 탁월한 해석이 아니라, 내담자 내면에서 스스로 발현되는 '생각하는 힘'의 결과다. 완성된 자신의 지도를 고요히 응시하는 '숙고의 시간' 속에서, 내담자는 "아,

이 기억과 저 감정이 이렇게 연결되어 있었구나!" 하는 통찰이 자신의 작업을 통해 섬광처럼 터져 나오는 순간, 그는 깨닫게 되는 것이다. 내 문제의 답은 처음부터 내 안에 있었다는 것을 말이다.

(2) 자기 효능감과 심리적 아스널의 구축

이 '스스로 해냈다'는 성공의 경험은 그 어떤 위로보다 강력한 치유의 동력이 되는 것이다. 이는 '나는 내 문제의 전문가'라는 흔들리지 않는 '자기 효능감(Self-efficacy)'을 싹틔우는 근본적인 기반이 된다. 이 강력한 자기 효능감의 획득 경험은, 앞으로의 삶에서 마주할 어떤 어려움 앞에서도 쉽게 무너지지 않도록 지켜주는 심리적 아스널(Arsenal)이 되어주는 것이다.

'자기 문제의 최고 전문가'가 되는 것은 단순한 지식의 획득이 아니라, 자신의 감정적 반응과 행동 패턴을 객관적으로 예측하고 통제할 수 있는 심리적 통제권을 확보하는 것이다. 이 통제권이야말로 재발이라는 낡은 중력에서 벗어나 지속 가능한 성장의 궤도로 진입하는 가장 근본적인 동력이 되는 것이다. 내담자는 이제 자신의 "솔루션맵"을 읽고, 미래의 위기를 사전에 점검하며, 새로운 이야기 구조를 설계할 수 있는 능력을 완전히 내재화한 존재가 되는 것이다.

(3) 영속적 치유와 자립의 완성

이러한 성장은 상담실의 시간 속에 묶여 있지 않다. 내담자가 '자신을 치유할 힘이 내 안에 있다'는 이 위대한 깨달음을 얻는 순간, 그는 심리적 자립을 완성하는 것이다. 마인드맵 상담은 그에게 일시적인 처방(Prescription) 대신, 평생 자신의 내면을 관리할 수 있는 도구를 선물한 것이다. 이 도구와 함께, 내담자는 더 이상 외부의 권위나 타인의 공감에 의존하지 않으며, 스스로의 내면 바다를 밝히는 등대지기가 되어 자신의 항해를 책임지는 소중한 삶의 주인으로 거듭나는 것이다.

5-2. 셀프 상담: 스스로의 등대가 되다

5-2-1. 셀프 상담의 원리: 객관화된 심리 도면의 힘

셀프 상담이란, 시각적 구조화의 힘을 빌려 내담자 자신이 상담자가 되어 자기 자신을 상담하는, '자기 성찰의 가장 높은 단계의 기술'이다.

(1) 객관화된 도면: 영속적인 안전 공간

이것이 전통 상담에서는 불가능하고 오직 마인드맵 상담 기법에서만 온전히 가능한 이유는, 이 기법이 객관화된 "심리지도"라는 전례 없는 결과물을 만들어내기 때문이다. 이 "심리지도"의 존재는 셀프 상담의 유일하고 근본적인 원리가 되는 것이다.

경청 중심 상담에서 내담자가 구술하는 고통의 서사는 상담사의 기억 속에 주관적으로 재구성되거나, 시간이 지나며 희미해지고 왜곡될 수밖에 없는 추상적인 데이터로 남는다. 이러한 추상성은 내담자에게 문제를 근본적으로 다룰 수 없다는 무력감을 지속적으로 심어주는 것이다.

그러나 마인드맵으로 완성된 "심리지도"는 완전히 다르다. 그것은 내담자의 내면세계가 일체의 필터링 없이 날것 그대로 박제된 객관적인 실체이자, 언제든 다시 펼쳐보고 수정하고 보완하여 새로운 의미를 부여할 수 있는 영구적인 작업 공간이다. 이 '날것 그대로의 박제'가 셀프 상담의 객관적 진실성을 보장하는 것이다.

(2) 분리의 과정: '나 자신'에서 '나의 것'으로

이는 마치 건축가가 자신의 집을 짓기 전에 설계도를 그리듯, 내담자가 자기 마음의 구조를 한눈에 볼 수 있는 청사진을 손에 쥐게 되는 것과 같다. 이 청사진을 통해 내담자는 문제의 구조와 인과관계를 명확히 파악하게 되는 것이다.

바로 이 '객관화된 심리 도면'이 존재하기에, 우리는 우리를 집어삼키던 고통의 감정과 '안전한 거리'를 확보하고, 마침내 스스로를 상담하는 기적과 같은 일을 해낼 수 있다. 이 '안전한 거리'의 확보가 감정적 재경험의 위험을 최소화하는 심리적 방화벽 역할을 하는 것이다.

고통은 더 이상 '나 자신'이 아니라, '내가 다룰 수 있는 나의 것'이 되며, 이 '분리의 과정'이야말로 셀프 상담이 가능한 최소한의 전제 조건이다. 이 '분리'를 통해 내담자는 수동적인 피해자에서 능동적인 관리자로 자신의 정체성을 완전히 전환하는 것이다.

(3) "솔루션 맵"의 영속적 가치

"솔루션 맵"은 내담자에게 '시간의 흐름'과 '감정의 변화'에도 변하지 않는 '영구적인 작업 공간'이 되는 것이다. 이 '영구적인 작업 공간'은 내담자가 언제든 과거의 패턴을 불러와 현재의 시점에서 새로운 의미를 부여할 수 있게 한다.

내담자는 이 청사진을 통해 자신의 문제를 객관적 거리에서 평생 관리할 수 있는 '지혜'를 획득하는 것이다. 이 영속적인 도면은 내담자가 고통의 패턴을 재확인할 때마다 '객관적 공감'을 스스로에게 제공하여, 감정적 소진 없이 냉철하고 지혜로운 성찰을 지속하게 만드는 치유적 기반이 되는 것이다.

그러나 주의할 점은 셀프 상담 중 심장이 너무 빨리 뛰거나 숨이 가빠지면 즉시 모니터를 끄고 심호흡하여 안정을 취해야 한다. 이는 당신이 약해서가 아니라, 뇌가 보내는 '잠시 휴식' 신호인 것이다. 안전이 확보될 때 다시 시작해도 충분하다. 필자 역시 교정을 보면서 [아버지]-[육군본부]-[중학교어둔시절]의 심리지도를 꺼내어 보면 오랜 세월이 지났음에도 불구하고 아직도 힘들기는 마찬가지인 것이다.

5-2-2. 셀프 상담의 과정: 내 안의 상담자를 깨우다

셀프 상담의 과정에서는 [상담받는 내담자로서의 나]와 [상담자로서의 나]라는 정교한 이중 역할의 수행이 필수적이다. 이 이중 역할은 내담자가 자신을 대상화하고 통제력을 회복하는 데 결정적인 역할을 한다.

(1) 토출 단계: 내면의 혼돈을 정직하게 직면하다

먼저 '상담받는 나'는 현재 자신을 괴롭히는 문제를 중심 주제어로 삼아, 판단과 검열의 빗장을 완전히 풀고 모든 생각과 감정의 파편들을 마인드맵 위에 쏟아낸다('토출'). 이 과정은 상담사와 함께했던 브레인스토밍의 원리를 그대로 따르며, 내면의 혼돈을 정직하게 마주하는 가장 어려운 단계다. 고통은 종종 언어의 감옥에 갇혀 표현되지 못하는데, 마인드매핑은 이처럼 억압된 내면을 '날것 그대로의 데이터'로 물리적인 공간에 펼쳐내는 '심리적 구토'와 같다. 내담자가 머릿속에서만 맴돌던 고통을 모니터 위에 토해내는 이 행위는, 문제와 자신을 안전하게 분리하는 치유 의식이 된다. 이 단계를 통해 내담자는 문제의 실체를 '회피하는 나'가 아닌, '정직하게 직면하는 나'로 정체성을 전환하는 경험을 시작한다.

(2) 역할 전환: 내면의 관찰자를 깨우고 질문하다

'토출'이 끝나면, 역할을 전환하여 '상담자로서의 나'가 되어야 한다. 이는 단순히 입장을 바꾸는 것이 아니라, 제3장에서 우리가 길러낸 내면의 지혜, 즉 〈관찰자〉를 깨우는 과정이다. '관찰자'는 내담자의 감정적 영역에서 한 걸음 물러나 방금 만들어진 혼돈의 지도를 객관적으로 바라보는 '제3의 눈'이다. '상담자로서의 나'는 이 안전한 거리('Safety Distance')에서 지도에 대한 감정적 몰입을 차단하고, 스스로에게 소크라테스식 질문을 던지기 시작한다.

이 질문은 지도 위에서 숨겨진 '패턴'과 '의미'를 발견하는 데 집중된다. 예를 들어, "이 불안감 그룹에는 유독 '실수'라는 단어가 많이 보이네. 과거의 어떤 '실수'에 대한 기억이 이 불안을 증폭시키고 있는 걸까?" "전혀 다른 시간대의 두 사건이 '수치심'이라는 같은 감정으로 연결되어 있는데, 이것은 나에게 무엇을 말해주고 있는 걸까?" 이처럼 '상담하는 나'는 흩어진 자료들 속에서 패턴을 읽어내고, 의미를 발견하며, 문제의 핵심을 향해 나아간다.

이 내면의 대화는 더 이상 부정적 반추의 닫힌 회로가 아니라, "심리지도"라는 객관적인 나침반 위에서 길을 찾아 나서는 '생산적인 탐험'이 된다. 내담자는 이 과정을 통해 자신의 내면이 스스로 해답을 찾아낼 수 있는 지혜의 보고였음을 깨닫고, '자기 문제의 전문가'로서의 능력을 확고히 다지게 된다.

5-2-3. 셀프 상담의 목표: 평생의 심리적 백신

이러한 셀프 상담은 특히 지적이고 이성적이며, 교육에 의한 독서 능력이 있는 사람에게 더욱 효과적일 수 있다. 그러나 이 '셀프 상담'의 진정한 가치는 '자기 주도적 삶'을 지향하는 '모든 내담자'에게 보편적으로 적용되는 것이다. 자신을 스스로 치유하는 능동적인 주권의 회복은, 특정 지적 배경에 관계없이 누구나 경험할 수 있는 인간 본연의 성장이 되는 것이다.

문제 상황에 부딪힐 때마다 주기적인 마인드매핑만으로도 극심해지는 심리적 압박감을 스스로 해소하고 정신 건강의 평온함을 유지하는 데 큰 도움이 되는, '평생의 마음 관리 도구'가 될 것이다. 마인드맵 상담의 진정한 목표는 당면한 문제 하나를 해결해 주는 것을 넘어, 이처럼 내담자가 평생 사용할 수 있는 강력한 '자기 치유도구'를 선물하는 것이다.

이는 상담이 끝난 후에도 다시는 과거의 무력감에 빠지지 않도록 하는 가장 강력한 '심리적 백신'이 되어준다. '심리적 백신'은 내담자가 고통의 패턴을 '미리 인지하고 면역력'을 키워, 재발의 징후가 보일 때 '자동적으로 대처'할 수 있는 '내부 시스템'을 구축하는 것과 같다. 내담자의 뇌는 이제 과거의 '수동적인 반응 경로' 대신, '능동적인 회복 경로'를 우선적으로 따르도록 '재프로그래밍'되는 것이다.

폭풍우가 몰아칠 때마다 구조선을 찾아 헤매던 조난자는, 이제 스스로 다가오는 폭풍의 경로를 읽고 자신의 항로를 개척하는 '등대지기'가 된다. 내담자는 더 이상 외부의 도움을 찾아 헤매는 존재가 아니라, 스스로의 내면 바다를 밝히는 '등대'가 되어 자신의 항해를 책임지는 것이다.

이처럼 의존을 넘어 자립으로, 혼돈을 넘어 질서로, 고통을 넘어 성장으로 나아가는 '자기 주도적 삶의 태도'야말로, 이 기법이 내담자에게 선물하고자 하는 가장 위대한 가치라 할 수 있다. 이 '자립의 완성'을 통해 내담자는 진정으로 자유롭고 영속적인 성장의 궤도에 진입하게 되는 것이다.

5-3. 연대기적 기법: 인생 전체를 조망하는 지혜

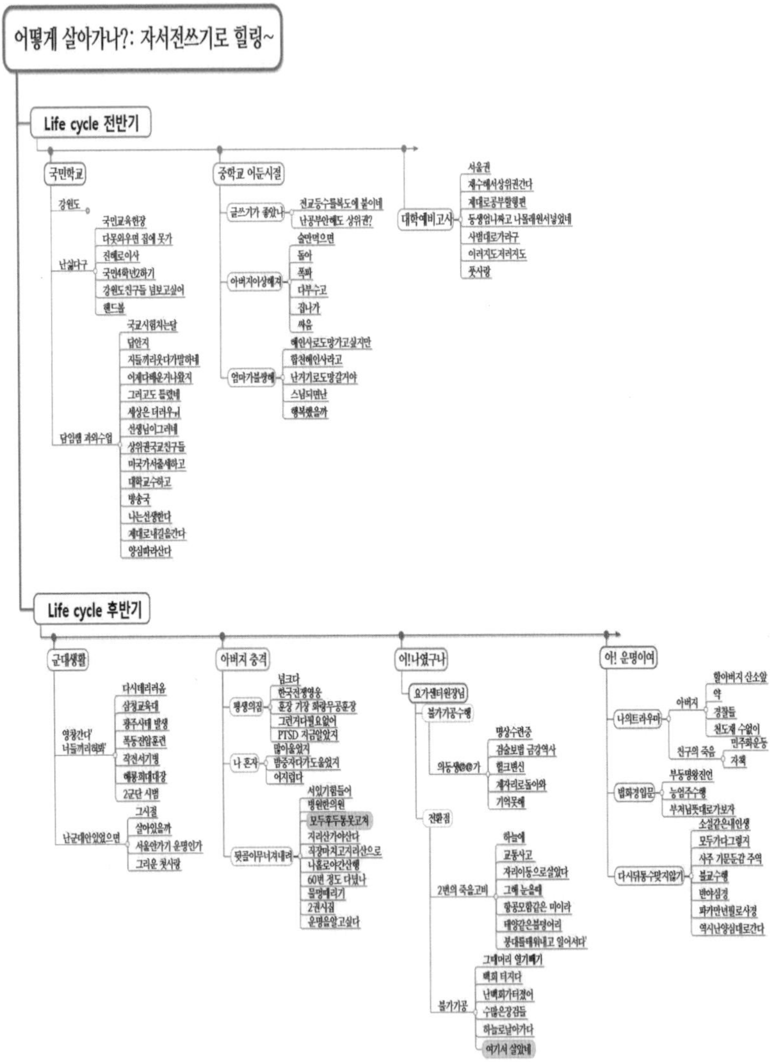

5-3-1. 패러다임의 전환: 상세 지도에서 위성 지도로

셀프 상담의 가장 강력하고 심오한 기법 중 하나는 바로 '연대기적 기법'을 활용하는 것이다. 지금까지 우리가 다룬 "심리 지도"가 특정 '문제'를 중심으로 한 미시적 탐험이었다면, 연대기적 기법은 자신의 유아기부터 현재에 이르기까지 인생 전체를 조망하는 거시적 탐험이다. 이는 마치 얽히고설킨 골목길을 상세하게 그려낸 '동네 지도'를 들여다보는 관점에서, 그 동네가 속한 대륙 전체의 산맥과 강줄기를 한눈에 조망하는 '위성 지도'로 시야를 전환하는 것과 같다.

이 과정의 진정한 목적은 단순히 과거의 사건들을 시간 순서대로 나열하는 회고에 그치지 않는다. 그 목적은 자기 삶을 관통하는 거대한 서사의 강줄기 속에서, 인생의 방향을 송두리째 바꾼 결정적인 분기점, 즉 '전환점(轉換點, Turning Point)'을 발견하고 그 의미를 재해석함으로써 삶의 전체성을 회복하는 데 있다. 우리는 종종 현재의 고통이라는 격류에 휩쓸려, 내 삶의 물줄기가 어디에서 시작되었고 어떤 계기로 방향을 틀었는지 잊어버리곤 한다. 연대기적 기법은 바로 그 거대한 물줄기 전체를 조망하는 지도를 그려냄으로써, 현재의 내가 서 있는 위치와 앞으로 나아가야 할 방향에 대한 근본적인 통찰을 제공한다.

라이프 사이클(Life cycle) 전체를 통합적 관점에서 바라보기는 마인드맵으로 비로소 가능해진다. 이 기법의 소중함은 바로 이렇게 통합적이고 거시적인 시각을 제공한다는 점에 있다. 누구에게나 인생의 전환점은 서너 번 이상 찾아오기 마련이다. 그러나 누구도 그 전환점의 의미를 제대로 파악할 필요성을 전혀 모르고 지나치거나 아예 무시하거나 소홀하게 생각하는 것이 대부분이다. 그러나 각자 살아가다 만나는 인생의 전환점에는 돌아보면 우연인 듯 가장한 필연적인 사건에 반드시 의미심장한 어떤 사람과 사건이 결부되어 있기 마련이다. 이것을 심층 분석하고 그 의미를 제대로 파악함이 전환점이란 시그널이 주어진 이후의 삶의 진정한 방향성을 제대로 설정하고 사는 것이다.

이 '전환점'의 발견은 내담자의 현재를 지배하는 '핵심 패턴'의 '탄생지'를 명확히 조명하는 것이다. 고통이 '우연한 사고'가 아니라, '특정 시점에 시작된 선택'의 결과임을 시각적으로 인식하는 이 행위는 '문제의 통제력'을 내담자에게 되돌려주는 가장 강력한 치유적 확인작업이 되는 것이다.

5-3-2. 지도의 제작: 혼돈의 토출에서 시간의 질서로

이 장대한 탐험은 '대(大)브레인스토밍'이라는 혼돈의 토출(吐出)로 시작된다. 중심 주제어는 단순하게 '나의 인생'으로 설정하고, 내담자는 유아기부터 현재까지, 자신의 인생 전반에 걸친 모든 기억의 파편들을 판단 없이 쏟아낸다. 즐거웠던 소풍의 기억부터 깊은 상처로 남은 어느 날의 참혹한 풍경까지,

논리나 순서에 얽매이지 않고 그저 떠오르는 모든 것을 꺼내놓는 것이다. 이 과정을 통해 화면은 한 사람의 생애 전체가 담긴 수백 개의 원석들로 가득 차게 된다. 다음으로, 이 방대한 자료들에 '시간'이라는 질서를 부여하는 그룹화 작업을 진행한다.

[유년기], [청소년기], [청년기], [중장년기] 등 자신만의 기준으로 삶의 시기를 나누고, 각 시기에 해당하는 기억의 가지들을 해당 그룹으로 옮겨 재배치한다. 이 작업을 통해 흩어져 있던 기억들은 비로소 시간의 흐름 속에서 제자리를 찾게 되며, 내담자는 처음으로 자신의 삶 전체를 객관적인 연대표처럼 조망하는 경이로운 경험을 하게 된다. 연대기적으로 정렬된 지도를 고요히 들여다보면, 유독 많은 사건과 감정이 집중되어 있거나 삶의 방향이 크게 바뀐 특정 시기들이 시각적으로 돌출되어 보이기 시작한다. 이것이 바로 인생의 '전환점'이다. 내담자는 이 전환점이 되는 핵심 사건이나 그룹들을 다른 색으로 칠하거나 특별한 아이콘을 붙여 시각적으로 강조하며, 자기 삶의 핵심 서사를 스스로 규정하는 능동적인 행위를 시작한다.

이처럼 발견된 '전환점'은 '고통의 종자'가 싹튼 장소일 뿐만 아니라, 동시에 내담자가 '고통을 이겨낸 자원'을 얻은 '기적의 분기점'이 되는 것이다. 이 '이중적 의미 부여'를 통해 내담자는 과거의 고통을 '성장의 재료'로써 재해석할 심리적 준비를 마치게 되는 것이다.

5-3-3. 의미의 재구성: 3A 전략과 생애 회고

무의식 속에 잠겨 있던 '전환점'을 발견하고 시각적으로 마주했을 때, 내담자는 종종 강한 '감정적 동요'를 경험하게 된다.

이러한 강력한 '내적 충돌'의 순간에 내담자의 심리적 안전과 성장을 이끌기 위해 필요한 것이 바로 심리적 대처방안인 '3A 전략'이다. 이 전략은 감정을 안전하게 관리하고 통찰을 의미 있는 행동으로 연결하는 '중요한 다리' 역할을 한다.

(1) 3A 전략의 심층 분석

첫째는 '수용(Acknowledge)'이다.

과거의 고통스러운 '전환점'이든 예상치 못한 희망의 '전환점'이든, 그것이 내 삶의 일부였음을 '판단 없이 그대로 인정하고 받아들이는 것'이 선행되어야 한다.

이 '무조건적인 수용'이야말로 내담자가 자신의 고통스러운 과거와 '화해'하고, '정직한 관계'를 맺는 '치유의 첫걸음'이 되는 것이다. 수용은 과거를 바꿀 수는 없으나, 과거에 대한 '현재의 거부나 저항'을 멈추게 한다.

둘째는 '분석(Analyze)'이다.

그 '전환점'이 내 삶의 경로를 어떻게 바꾸었는지, 그로 인해 내가 무엇을 잃고 무엇을 얻었는지를 '객관적으로 탐색'한다. 이 '분석'은 내담자가 고통을 '감정적인 파도'가 아닌 '구조와 원인'을 가진 '데이터'로 인식하게 하는 '지성적 행위'인 것이다. 감정적 몰입에서 벗어나 논리적인 틀을 적용하는 것이다.

마지막 셋째는 '의미 재부여(Attribute New Meaning)'이다. 이는 과거의 사건을 더 이상 '고정된 상처'가 아닌, '현재의 나를 만든 성장의 재료'로써 새로운 의미를 부여하는 것이다.

이 '재부여'의 순간에 과거의 패턴은 비로소 '역사적인 기록'이 되며, 그 심리적 영향력에서 완전히 자유로워지는 것이다. 내담자는 비로소 '내 이야기의 주인'이 된 것이다.

(2) 관점의 전환과 치유의 완성

'아버지의 PTSD'라는 고통스러운 기억은, '그럼에도 불구하고 나는 살아남아 이 책을 집필하고 있다'는 '생존자로서의 정체성'을 강화하는 재료로 변모한다.

이처럼 자신의 삶을 '문제 중심'이 아닌 '자원 중심'으로 바라보게 되는 관점의 전환이야말로, '진정한 치유'가 일어나는 '핵심적 기제'이다.

고통을 '성장의 발판'으로 재해석하는 이 행위는 내담자의 '심리적 자립'을 선언하는 가장 강력한 증거가 되는 것이다. 이는 내면의 힘을 스스로 발견하는 것이다.

이러한 '생애 회고(Life Review)'는 특히 장년기의 새로운 출발을 앞둔 사람들이나 노년기 심리치료에서 그 효과가 입증된 기법으로, 자신의 전 생애를 되돌아보고 가치를 부여하는 작업은 우울감을 감소시키고 자아존중감을 향상시키는 효과가 있는 것이다.

이러한 연대기적 기법은 이 생애 회고를 마인드맵이라는 시각적 도구를 통해 젊은 세대에게도 적용 가능한 능동적인 자기 성찰 문화로 확장한 것이다. 이는 세대를 아우르는 치유의 보편성을 확보한다.

이처럼 시간의 축 위에서 과거와 현재를 가로지르는 전환점들을 온전히 만날 때, 우리는 비로소 삶의 통합적 시각을 확보함으로써 전체성을 회복하고 진정한 치유에 이르게 되는 것이다.

5-4. 궁극의 치유, 글쓰기: 자기서사(핵심 이야기 구조)의 저자가 되다

셀프 상담과 연대기적 기법을 통해 자신의 "솔루션 맵"을 완성하고 그 의미를 탐색한 내담자는, 이미 자신의 삶을 '근본적으로 재구성할 힘과 재료'를 모두 갖추게 된다. 그는 더 이상 과거의 희생자가 아니라, 고통 속에서도 자신을 지켜온 힘과 새로운 가능성을 발견한 탐험가이다.

이러한 준비는 치유의 여정에서 마지막이자 가장 중요한 단계로 이어진다. 바로 내면의 중대한 통찰을 하나의 소멸하지 않는 이야기로 엮어 세상에 공유함으로써 과거의 상처에 온전한 마침표를 찍는 궁극의 토출(吐出)로서의 글쓰기이다. 이 글쓰기는 내면의 깨달음이라는 '불씨'를 영원히 꺼지지 않는 '횃

불'로 만드는 신성한 의식이며, 이 주체적 행위를 통해 내담자는 과거의 상처에 대한 최종적인 통제력을 획득한다.

더욱이, 이 '글쓰기 치유'의 효과는 단순히 심리적인 위안에 그치지 않는다. 텍사스 대학의 심리학자 제임스 페니베이커(James W. Pennebaker)의 연구는 '표현적 글쓰기'가 스트레스 호르몬을 감소시키고 면역 체계를 강화하는 등 구체적인 '신체적 건강 증진 효과'까지 가져온다는 사실을 과학적으로 입증한다.

이처럼 고통스러운 경험을 '일관된 이야기'로 구성하려 노력할 때, 우리의 뇌는 혼란스러운 감각의 파편들을 정리하고 그 사건에 '인지적인 질서'를 부여하게 된다. '표현적 글쓰기'는 이러한 '혼란스러운 감각'에 '인지적 질서'를 부여하여 자율신경계를 안정화시키는 통합적 치유가 된다. 결국, 이 과정을 통해 트라우마의 희생자에서 벗어나 '서사의 주인'으로 거듭나며, 심리적 안정을 넘어 신체적 건강까지 회복하는 전체성 치유의 최종 증거가 된다.

이러한 통합적 치유의 정점은 연대기 지도를 바탕으로 한 자서전 쓰기에서 완성된다. 내담자는 완성된 심리지도라는 '완벽한 목차'를 가지고 있기에, '백지의 공포' 없이 고통과 전환, 희망의 장을 써 내려갈 수 있다. 서사 치료의 관점에서 볼 때, 이것은 자신의 낡은 '문제 중심 이야기'에 공식적인 '종언'을 고하고, 새롭게 발견한 '대안적 이야기'를 자신의 삶의 정사(正史)로 공유하는 '재저작 의식(Re-authoring Ceremony)'이 된다.

궁극적으로, 완성된 자서전은 내담자에게 강력한 '심리적 앵커(anchor)'가 된다. 앞으로 삶의 항해에서 과거의 폭풍우가 몰려올 때, 자신이 직접 쓴 '새로운 항해일지'를 펼쳐 들고 강점과 희망의 목적지를 되새기며, 흔들리지 않는 '자기 확신의 근거'를 확보한다. 이로써 내담자는 고통스러운 역사를 극복하고 새로운 미래를 써 내려가는 '독립적인 위대한 작가'로 거듭나며, 그의 자서전은 비슷한 아픔을 겪는 다른 이들에게도 '빛'이 되어줄 '공적 가치'를 획득한다.

완성된 자서전을 이웃과 친구들에게 나누어주는 공유의 과정을 거친다는 점은 매우 중요하다. 이러한 공유의 태도는 비로소 나의 아픈 상처들을 남에게 보여주는 것이고, 이러한 상처에도 불구하고 나는 지금까지 잘 살아왔고 앞으로 계속 잘 살아갈 것이라는 메시지를 던지는 것과 다름이 없는 용기 있는 행동인 것이다.

제6장 결론 – 경청을 넘어 진정한 공감으로

6-1. 필연적 대안: 왜 경청을 넘어서야 하는가?

이 책은 어쩌면 한국전쟁이라는 거대한 여파로 쓰인 비극적 산물인지도 모르겠다. 우리 가족은 선친의 생존 기간 내내 끝나지 않던 한국전쟁이라는 트라우마를 온몸으로 받아내며 살아왔고, 필자 역시 국민학교 시절부터 시작된 아버지의 PTSD (외상 후 스트레스 장애: 전쟁후유증) 증후군으로 인한 삶의 폭력성과 비극성을 너무 일찍 알아버렸다.

인간 마음을 다루는 여정의 끝에서 우리는 가장 근원적인 질문과 마주하게 된다. 기존 상담방식대로 내담자의 내면 탐색의 지름길이 과연 '듣는 것'만으로 충분한가? 이 책이 제시하는 '경청 없는 마인드맵 상담'은 기존 상담 패러다임의 성역에 던지는 필연적 질문이 된다. 전쟁후유증을 심각하게 앓고 있는 내담자에게 당신의 고통을 말로 표현하라 하여 경청의 귀를 세우고 얼굴을 마주하는 행위가 과연 그 상황에 가능할 것인가? 그의 가족들의 경우 또한 귀를 열고 그들의 고통을 듣기가 어떻게 가능할 것인가?

이 구조적 한계는 필자 자신의 인생의 내면의 문제의식으로 항상 따라다녔다. 한국전쟁 후 아버지의 PTSD가 대를 이어 가족에게 남긴 깊은 상흔 속에서, 필자는 언어와 약물로 닿을 수 없는 근원적인 상처의 치유법을 평소 수업의 학습도구로 사용되던 마인드맵에서 발견한다. 즉 마인드맵의 핵심 기능인 창의적 사고력 개발이라는 관점을 마음속 기억과 감정의 복잡한 심리지도를 통합적 시각으로 구현해 내는 조감도 기능으로 바꾸어 보자는 시도였다. 아버지의 PTSD 증후군에 노출된 어릴적 트라우마로 인해 신경 체계에 이상이 생긴 고통은, 기존 상담의 구조적 한계를 필자는 이 기능으로 통제(Control)하는 방법을 조금씩 찾기 시작한 것이다.

원래 토니 부잔이 고안한 마인드맵은 인간 두뇌의 방사형 사고(Radiant Thinking) 원리를 시각적으로 구현한 도구이다. **뇌의 뉴런은 중심체(세포체)에서 여러 개의 신경돌기와 수상돌기가 중심에서 팔방으로 뻗어 있는 구조 덕분에** 뉴런은 다양한 신경세포와 신호를 주고받을 수 있게 된다. 이러한 구조적 유사성으로 인하여 마인드맵은 본질적으로 마음이라는 내면의 심리적 현실을 담아내는 데 놀라울 만큼 적합하게 설계된 것을 필자는 복잡한 심리표현에 응용한 것이다.

이러한 기능적 전환은 곧 심리적 치유의 과학적 대안이 된다. 이제 우리는 새로운 상담 문화를 향해 나아가는 것이다.

따라서 필자는 진정한 치유를 위해서는 언어의 문을 넘어, 무의식의 창고를 직접 열 수 있는 새로운 열쇠, **즉 '토출(吐出)' 이라는 개념 설정이 필요하였다.** 이 토출의 방법을 브레인스토밍과 점진적 시간제한 기법으로 대체하고 나니 마음속 고통의 덩어리는 해체와 재조립의 대상이 되어 버렸다. 토출은 기억의 원재료를 '빨간', '냄새'와 같은 최소 단위 언어로 분리하여, 이성(Ego)의 검열이 관여하지 못하도록 하는 해체-재조립의 첫 단계이다. 이것은 무의식적인 '날것의 데이터'를 확보하고 "심리지도"라는 객관적인 캔버스를 만드는 유일한 길이다. 따라서 마인드맵 기법으로 대체된 '경청(傾聽) 없는 마인드맵 상담' 방식은 공감과 경청의 포기가 아니라, 더 깊은 진실에 도달하기 위한 가장 과학적이고 지혜로운 선택이 된 것이다.

6-2. 객관적 공감: '보여주기'는 어떻게 더 깊은 연결을 만드는가?

따라서 '경청 없는 마인드맵 상담'이라는 새로운 상담기법의 제안은 공감의 포기가 아니다. 오히려 감정 감염의 위험을 넘어, 더 안전하고 본질적인 연결로 나아가는 새로운 길, 바로 '객관적 공감(Objective Empathy)'을 제안한 것이다. 이것은 내담자의 내면이 시각화된 "심리지도"라는 '제3의 공간(The Third Space)'이 존재하기에 가능하였다. 객관적 공감은 내담자의 고통스러운 감정에 휩쓸리는 대신, 감정 패턴의 구조와 원인을 객관적으로 바라보고 이해하는 것이다. 이 객관화된 시각 덕분에 상담사는 감정적 소진 없이 지성적 관찰을 더할 수 있으며, 내담자는 비로소 자신의 고통을 안전한 거리에서 다룰 수 있게 되었다.

상담의 구도는 더 이상 고통을 진술하는 내담자와 경청하는 상담사의 대면 구도에 머무르지 않는다. 대신 두 사람은 나란히 서서 "심리지도"를 함께 탐험하는 '공동 관찰자'가 되는 것이다. 이 '제3의 공간' 위에서 상담사와 내담자의 관계는 전문가와 환자라는 수직적 관계를 넘어, 본질에 대한 이해를 공유하는 '치유적 동반자(Therapeutic Partnership)'가 되는 것이다. 이 양자 관계의 혁신이야말로 상담사의 권위를 해체하고, 내담자에게 '스스로 길을 찾을 힘'이 있음을 체득하게 하며, 의존을 넘어 자립으로 나아가게 하는 핵심 기제이다.

6-3. 내담자의 변혁: 자기서사(핵심 이야기 구조)의 저자가 되다

이 새로운 상담의 여정이 다다르게 되는 궁극의 목적지는 단순히 문제의 해결이나 증상의 완화가 아니다. 이 기법이 내담자에게 선사하는 가장 위대한 선물은, 고통스러운 과거의 '희생자'라는 자기 정체성을 스스로의 힘으로 벗어던지고, 자신의 모든 경험에 의미를 부여하며 미래를 써 내려가는 능동적인 '자기서사의 저자'로 거듭나는 것이다.

실제로 이 책을 집필한 필자 자신의 치유는 바로 자서전의 목차를 작성하는 과정에서 일어난다. 컴퓨터 앞에 앉아 우선 마인드맵으로 유년 시절부터 초중고의 학창 시절과 청년기와 중년에 이르는 삶의 모든 '사건'과 그에 따른 인물들을 브레인스토밍하고 이를 다시 그룹화 처리하였다. 이후에, 연대기적으로 재배치하고 자서전의 목차를 구성할 때, 필자는 가족들 모르게 억제할 생각조차 할 수 없을 정도로 수없이 많은 눈물을 흘렸다. 정신과 의사의 처방보다도 강력했던 이 소리 없는 눈물범벅들은, 비로소 내 삶의 서사를 객관적인 지도 위에서 바라보며 전환점의 의미를 스스로 자각하는 과정에서 터져 나온 가장 근원적인 카타르시스였다. 끝없이 샘솟아 터져 나오는 눈물에 당황스럽기도 하고 누가 볼까봐 부끄럽기도 하였지만, 무엇보다도 시원한 쾌감은 비로소 극심한 고통의 덩어리들이 녹아내린다는 것을 스스로 알아차리기 시작할 때 찾아와 주었다. 긴 터널 속에서 오랜 시간 출구를 찾으려고 기진맥진하던 순간 비로소 광명의 출구를 찾는 그런 느낌이었다.

치유적 글쓰기의 시작인 개요 짜기 단계를 만드는 과정에서 집필자인 저자는 이미 마음속 맺힌 고통 덩어리들의 실체를 정면으로 바로 보는 법과 고통과 분리하는 **관찰자로서의 기능**

을 다 마칠 수 있었다. 이 소중한 변혁은 내담자 내면에서 스스로 발현되는 '생각하는 힘'의 결과이다. 따라서 자서전을 구상하는 목차 작성의 마인드맵 생성 과정에서 만들어진 경험은 이미 필자의 의식 속에 "마인드맵 상담" 기법 자체가 전통 상담 기법의 혁신이 될 것이라는 강한 느낌으로 다가왔다. 은퇴 이후 삶의 긴장이 풀어지고 시간이 느슨해진 틈새 속에서 이 주제는 자신을 형상화시켜 달라고 지속적으로 출판 요구 시그널을 보내고 있었다.

자기 인생을 회고하는 자서전쓰기의 마인드맵 목차 작성 단계에서 저자의 심리적 갈등 해소가 이루어지듯이, 완성된 지도를 고요히 응시하는 '숙고의 시간' 속에서 내담자 역시 "내 문제의 답은 처음부터 내 안에 있었다"는 자각을 통해 '자기서사의 저자'라는 최종 지위를 확립하게 된다. 이 '자기서사의 저자' 지위는 '자기 존재 증명'을 통해 과거의 피해자 정체성을 영원히 벗어던지는 존재론적 승리를 의미한다. 내담자는 이제 자신의 고통스러운 역사에 대한 '최종적인 해석권'을 확보하고 '심리적 통제권'을 완성한다.

이 통제권의 핵심은 '메타인지적 항해' 능력으로 구현된다. 〈관찰자〉의 시점 확보를 통해 내담자는 자신의 감정적 폭주와 사고 패턴을 외부의 제3자처럼 냉철하게 바라본다. 시각적 도구인 "솔루션 맵"은 내담자가 자신의 생각 흐름을 객관적인 도면 위에서 읽고, 문제의 소용돌이 속에서도 안정적인 시점을 잃지 않도록 돕는 '정신적 지지대' 역할을 수행한다. 이 '스스로 해냈다'는 성공의 경험은 '자기 효능감(Self-efficacy)'을 싹틔우는 것이다.

결론적으로, 내담자의 변혁은 '일시적인 문제 해결'을 넘어, '자기 효능감'이라는 '영속적인 심리적 백신'을 내재화하는 것이다. **이 백신을 통해 내담자는 '외부 의존성'을 끊고, '재발 없는 자기 성장'의 궤도에 영원히 진입하게 되는 것이다.** 필자가 집필 과정에서 얻은 가장 강력한 통찰 3가지를 소개한다. '경청 없는 마인드맵 상담'을 집필하며 필자 스스로 경험하고 확인한 치유의 핵심 원리이자, 독자분들이 이 책을 통해 얻을 수 있는 가장 강력한 자기 통찰의 순간들이다.

첫째, 이성의 검열을 우회하는 '휘모리 토출' 경험

심층에 묻어둔 고통을 이성적 판단이나 언어의 틀로 검열하지 않고, 시간의 제한 속에서 '날것 그대로' 쏟아내는 휘모리 토출(吐出) 과정을 통해 비로소 트라우마의 최소 단위 파편을 확보하고 자기 치유의 실마리를 포착할 수 있다.

둘째, 고통이 객관적 '심리지도 데이터'로 변하는 순간

격렬한 감정으로 얽힌 기억들이 마인드맵이라는 제3의 공간에 시각적으로 외현화되면서, 고통스러운 서사가 '객관적 데이터'로 분리된다. 이로써 우리는 고통에 압도되지 않는 관찰자 시점을 획득하고 냉철하게 문제의 본질을 파악하게 된다.

셋째, 과거의 상처가 '성장의 자원'으로 재해석되는 전환점 발견

인생의 연대기적 사건들을 심리지도 위에서 조망하고 그룹

화하는 과정에서, 고통의 패턴과 그 사건들이 자신에게 남긴 긍정적 영향을 스스로 발견한다. 이 자각을 통해 과거의 상처는 더 이상 족쇄가 아닌 현재와 미래의 흔들리지 않는 자원으로 인생을 더 공부하고 나아가는 전환점의 극적인 치유를 경험하게 된다.

이것이 "마인드맵 상담"만이 제공할 수 있는 특별하고도 핵심적 기능이다.

마치며 자기서사(핵심 이야기 구조)의 저자를 위한 안내

1. 평생의 나침반, 마음 설계

상담의 종결은 완치 선언이 새겨진 졸업장이 아니라, 자신의 내면세계를 평생 탐험할 수 있는 한 장의 정밀한 나침반을 건네받는 순간이다. 이 여정의 끝에서 내담자가 얻는 가장 위대한 자산은, 앞으로 어떤 인생의 폭풍우를 만나더라도 결코 길을 잃지 않게 해 줄 '마음 설계(Mind Design)'라는 자기창조의 기술이다. 이것은 외부 전문가에게 의존해 임시방편으로 마음의 균열을 메우던 수동적 태도에서 벗어나, 스스로 내면의 건축가가 되어 자신의 정신적 공간을 언제든 능동적으로 재건하고 확장해 나가는 삶의 방식이다.

마인드맵이라는 도구는 벽돌을 쌓고 기둥을 세우는 법을 알려주는 설계 교육 과정이며, 이를 통해 내담자는 한 채의 집을 선물 받는 것을 넘어, 어떤 황무지에서도 스스로의 힘으로 안식처를 지을 수 있는 평생의 건축가가 된다. 이것이야말로 재발이라는 낡은 중력에서 벗어나 지속 가능한 성장의 궤도로 진입하는 가장 근본적인 동력이다. '마음 설계'의 기술은 내담자에게 '자신의 마음을 관리'하는 '완전한 통제권'을 부여하는 것이다. 외부 전문가에게 '의존성'을 두던 과거의 습관을 끊고, '자신의 정신적 공간'을 '창조적으로 책임'지는 '자립의 최종 단계'가 되는 것이다.

이 위대한 '마음 설계'는 상담실 밖의 삶에서 두 가지 구체적인 실천적 수행으로 이어진다.

첫째는 혼돈의 순간마다 펼쳐 드는 자기 성찰의 지도, '셀프 상담'이다. 내담자는 더 이상 막연한 불안의 안갯속에서 표류하는 대신, 마인드맵을 열어 자신의 마음을 객관화하고, 〈관찰자〉의 시선으로 문제의 핵심과 해법의 씨앗을 스스로 찾아낸다. 둘째는 이 모든 과정을 종합하여 과거에 온전한 의미를 부여하는 궁극의 치유 의식, 바로 '글쓰기를 통한 자기서사의 완성'이다. 심리학자 제임스 페니베이커가 증명했듯, 자신의 트라우마 경험을 일관된 이야기로 구성하는 행위는 혼란스러운 감각의 파편들에 질서를 부여하는 강력한 치유 기제다. 자신의 인생 전체를 조망하는 '연대기적 기법'을 통해 삶의 전환점들을 발견하고, 그것을 한 편의 자서전으로 엮어내는 것은 자신의 삶 전체를 대상으로 한 가장 완전하고 궁극적인 토출(吐出)이다. 이를 통해 내담자는 자신의 모든 과거, 심지어 가장 깊은 상처마저도 자신을 성장시킨 위대한 서사의 재료로 승화시키고 공유하는 진정한 작가로 거듭난다. 결론적으로, '마음 설계'

는 내담자가 '외부 의존' 없이 '평생 자신의 삶을 재구성'할 수 있는 '영속적인 자산'인 것이다. 이는 곧 '개인의 치유'를 넘어 '새로운 상담 문화'로 나아가야 할 '시대적 요청'이 되는 것이다.

2. 새로운 지평을 향하여

(1) 새로운 상담 문화의 시대적 출범

결론적으로 이 책이 제안하는 것은 단순히 하나의 상담 기술이 아닌 것이다. 이것은 전문가에게 의존하던 시대를 지나, 스스로의 힘으로 자신의 마음을 돌보는 '자립'의 시대로 나아가는 새로운 상담 문화의 '청사진'이 되는 것이다. 이 내담자의 '자립'의 선언은 '개인의 치유'를 넘어 '심리적 혁명'을 예고하는 '시대적 요청'이 되는 것이다.

우리는 마인드맵이라는 현대의 기술이 인간성을 소외시키는 것이 아니라, 오히려 흩어져 있던 자신의 조각들을 모아 '온전한 자신을 마주하게' 함으로써 '인간성을 회복'시키는 강력한 도구가 될 수 있음을 증명한 것이다. 이 '도구적 중립성'을 통해 상담의 주도권은 전문가의 영역에서 '자기 삶의 주인'에게로 완전히 회복된다.

이 새로운 패러다임 속에서 상담은 더 이상 아픈 사람을 위한 '치료'가 아닌 것이다. '모든 이'가 자신의 성장을 위해 스스로를 탐구하고 설계하는 '보편적인 자기 성찰의 문화'가 될 것이다. 상담의 대상이 '환자'에서 '성장하는 주체'로 바뀌는 이 변화야말로, 이 기법이 가진 '가장 강력한 사회적 가치'인 것이다.

(2) 깨어난 저자의 탄생과 영원한 항해

이 모든 여정의 끝에서 우리가 전하고자 하는 궁극적인 메시지는 단 하나인 것이다. '당신은 고통스러운 과거의 피해자가 아니라, 그 모든 경험을 재료 삼아 새로운 미래를 써 내려가는 자기서사의 저자(Author)라는 것이다.'

과거는 바꿀 수 없지만, '과거에 대한 이야기'는 얼마든지 다시 쓸 수 있는 것이다. 마인드맵 상담은 이 '재저작 의식(Re-authoring Ceremony)'을 통해 내담자에게 '새로운 운명'을 창조할 '자격'과 '기술'을 온전히 돌려주었다.

이 책은 그 이야기를 쓸 수 있는 '구체적인 방법'과 '힘'이 당신 안에 이미 존재하고 있음을 알려주는 하나의 '작은 안내서'일 뿐이다. 이제 당신은 '심리적 백신'과 '마음 설계'라는 '영구적인 도구'를 손에 쥐게 된 것이다. 이제 당신의 마음 지도를 펼쳐 들고, '자기 삶의 소중한 탐험'을 시작할 시간인 것이다. 이 탐험은 끝이 없는 것이며, '성장하는 매 순간'이 '새로운 지평'을 여는 시작이 될 것이다.

부록

부록 1. [저자의 실천] 집필 구상 마인드맵: 사유의 시각화 과정

• 1-1. 집필 구상 마인드맵의 공유 이유

이 책을 마무리하며 부록에 '집필 구상 마인드맵'의 처음 구상 이미지와 중간, 끝의 이미지를 굳이 배치하는 것은 독자에게 단순한 '결론'만을 던져주는 행위에서 나아가 사고의 진행과정을 통해 『경청 없는 마인드맵 상담』이라는 책 한 권이 나오기까지 얼마나 치밀하게 조직적으로 생각하였는가 하는 과정의 공유입니다. 목차 만들기가 잘되면 최소한 50% 집필은 성공적이라는 점이 매우 중요합니다.

저는 이 '과정의 공개'를 통해 필자 자신이 겪은 사유의 지난한 여정과 치열한 고민을 가장 정직하게 드러내고자 합니다. 독자들께서는 이 과정의 공개를 통해 책의 내용에 대한 깊은 신뢰를 갖게 될 것입니다.

이로써 마인드맵은 단순히 '결과 정리 도구'가 아니라, '사고의 진화'를 시각적으로 기록하는 '살아있는 사고의 도구'임을 스스로 증명하는 것입니다.

또한, 전체 5부의 핵심 논리와 주요 마인드맵 이미지를 시각적으로 보여주는 것은, 독자가 책을 완독한 후 글의 논리를 '추상적 이해'에서 '구체적 이미지'로 최종 '체화(體化)'할 수 있도록 돕는 것입니다.

이 '마인드맵 상담의 실제'를 다룬 내용들이 '이론'이 아닌 '실제 작업물'이라는 점에서, 독자는 '자신도 이 과정을 따라 할 수 있다'는 '자기 효능감'을 얻는 데 결정적으로 기여할 것입니다.

참고로 박사학위 논문의 경우 이러한 목차 구상의 첫 구성에서 완성까지 50회 이상의 수정 작업으로 사유의 깊이가 더해집니다. 석사학위 논문의 경우도 최소 30회 이상의 수정작업으로 사유가 심화되어야 좋은 논문을 작성할 수 있습니다.

참고로 저는 ThinkWise 2020 제품과 ThinkWise 2020 Premium 제품을 기반으로 목차 작업에서부터 각 장별 주요한 사고를 모두 이 프로그램으로 일관되게 처리하였음을 밝혀 드립니다. 저는 이 제품의 순수한 사용자로서 입장을 밝히는 것일 뿐입니다.

• 1-2. [초기] 날것의 토출: 목차생성맵 24년 0712(혼돈과 파편)

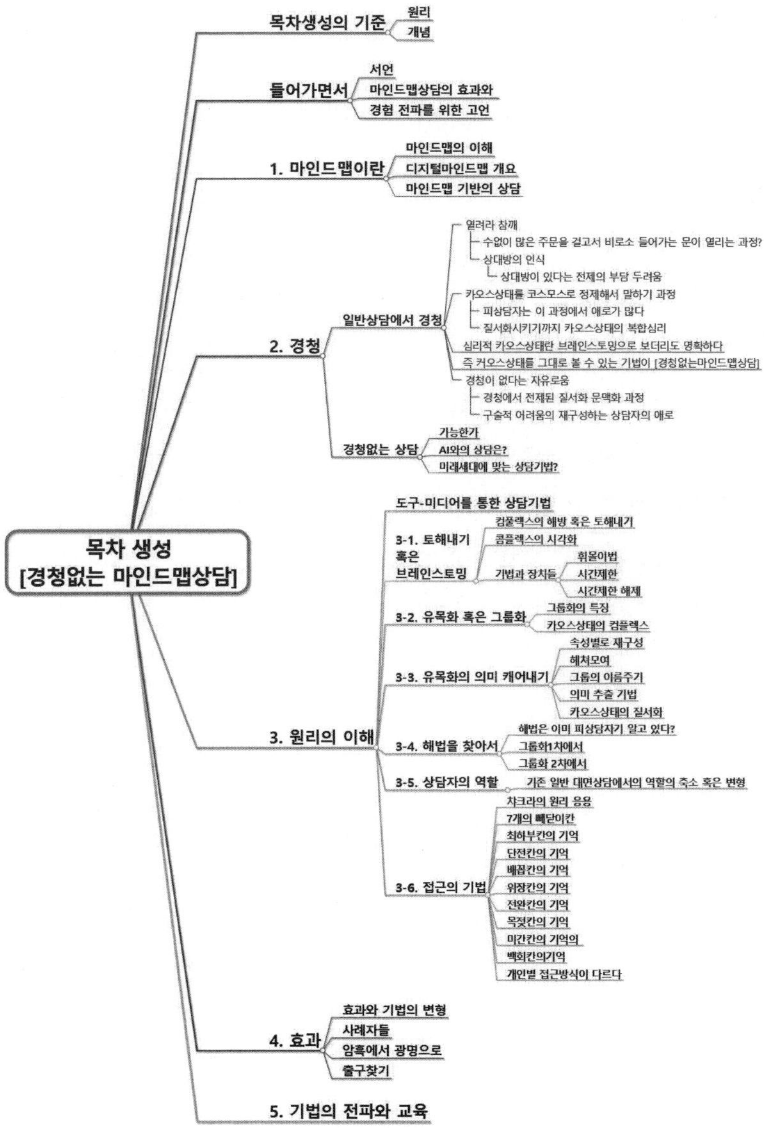

〈보조 설명〉

- 가장 초기 구상 맵
- 구상의 불안정성과 집필의 원재료 확보: 생각이 논리적 질서 없이 파편처럼 쏟아져 나오는, 무의식적 토출(吐出)의 상태. 논리적 혼돈 속에서도 치열하게 주제를 탐색하던 사유의 '날것'을 보여줌.
- 토출과 유목화(그룹화)의 철학적 사유의 시작
- "내 안의 거대한 혼란과 어둠을 공유하자." 자기 문제 고백의 용기와 휘모리 요법의 정당성 확보. 선친은 한국전쟁의 한 가운데에서 미8군 특수부대 선임하사로 참전 후 필자가 초등학교 고학년부터 PTSD(전쟁 후 외상 스트레스) 증세로 위태로운 성장기의 고백을 공유

- 1-3. [중기] 구조화와 통찰: 목차생성맵 25년 0206(그룹화와 패턴 인식)

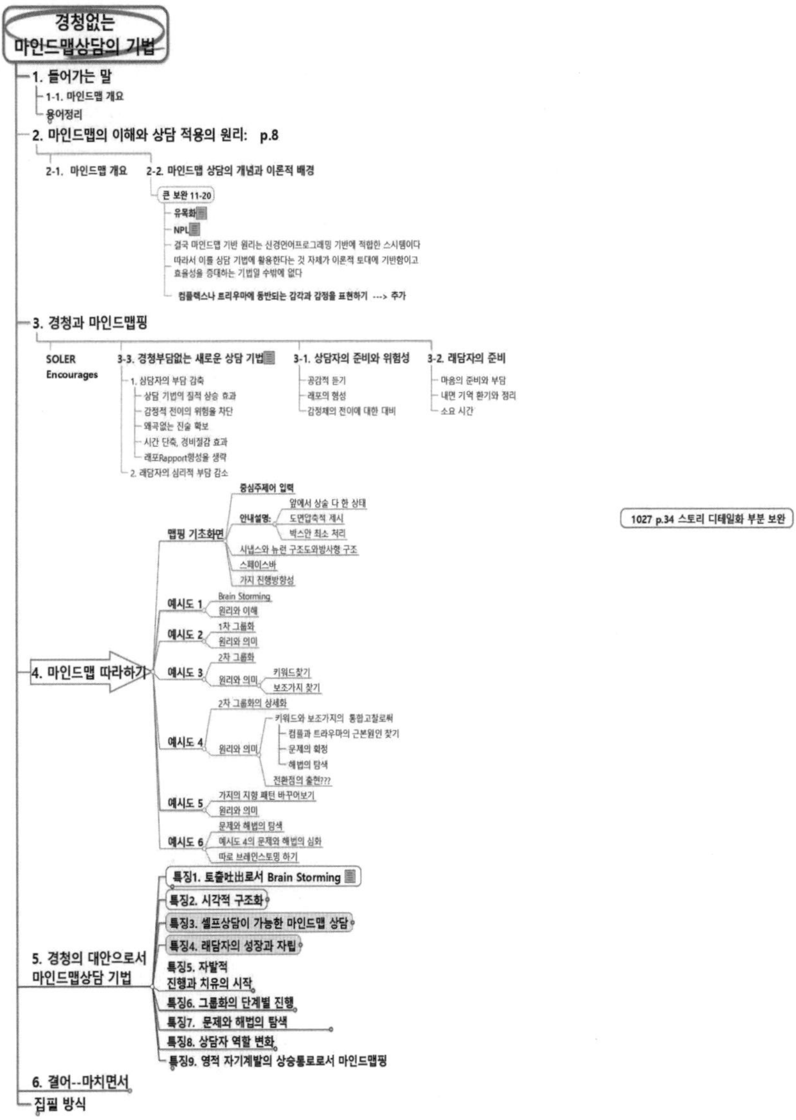

〈보조 설명〉

- [중간 단계 수정 맵]: 그룹화(Grouping)와 통찰
- 패턴 인식과 의미 부여: 수많은 파편 속에서 의미 있는 군집(그룹)이 형성되고, 책의 핵심 논리(패턴)가 탄생하는 지성적 전환점. 구조화의 힘을 통해 '다룰 수 없는 혼돈'을 '이해 가능한 구조'로 바꾸는 과정
- 기본적 사고의 구조화는 이 단계에서 거의 확보됨.
- "답은 내 안에 있었다." 〈관찰자〉 시점과 생각하는 힘의 발현을 시각적으로 입증

- 1-4. [완성] 체계의 확립: 목차생성맵 25년 1003(최종 논리구조 완성)

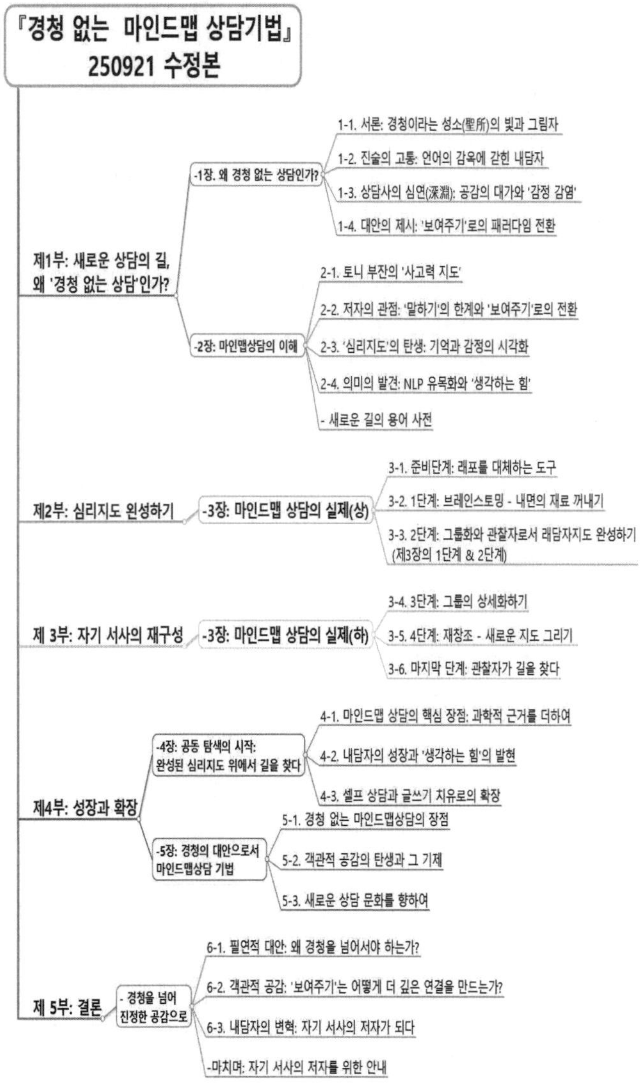

〈보조 설명〉

- 최종 완성 단계 맵: 코스모스(Cosmos)로 통합
- "심리지도"의 개념 수립 단계
- 구조적 완성 및 통찰의 체화: 50여 회에 걸친 고민이 하나의 일관된 철학과 논리로 통합된 상태. 독자가 책을 완독한 후 논리적 구조를 '시각적 이미지'로 최종 체계화하여 영구적인 자산으로 만들게 함.
- '마음 설계' 기술 습득. 책의 논리를 평생 자신의 삶에 적용할 수 있는 지적 통제권 획득

부록 2. [이론적 도해] 상담 기법의 논리적 구조

• 2-1. 무경청 상담의 장점: 경청의 한계 VS 마인드맵 상담의 강점

• 2-2. 토출로서 브레인스토밍: 심리적 해방과 유목화의 시작

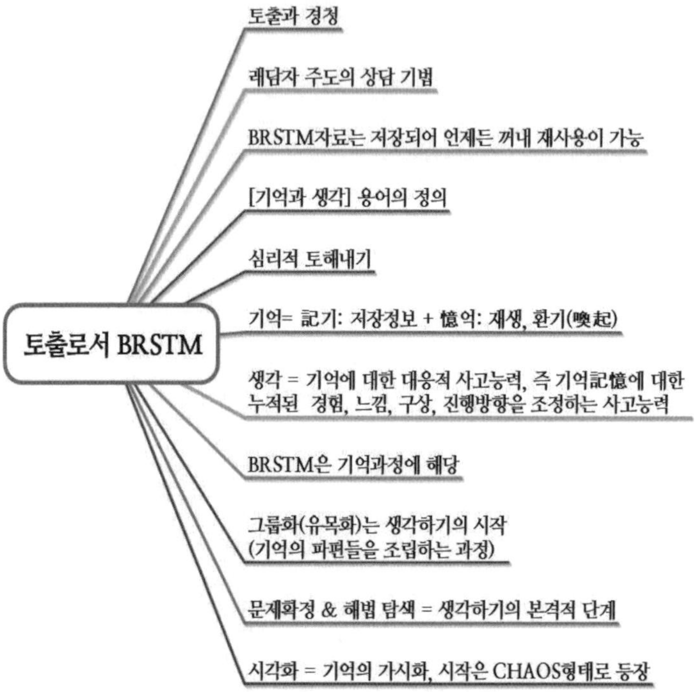

• 2-3. 토출과 기억의 시각화: 고통의 객관화 및 해방 원리

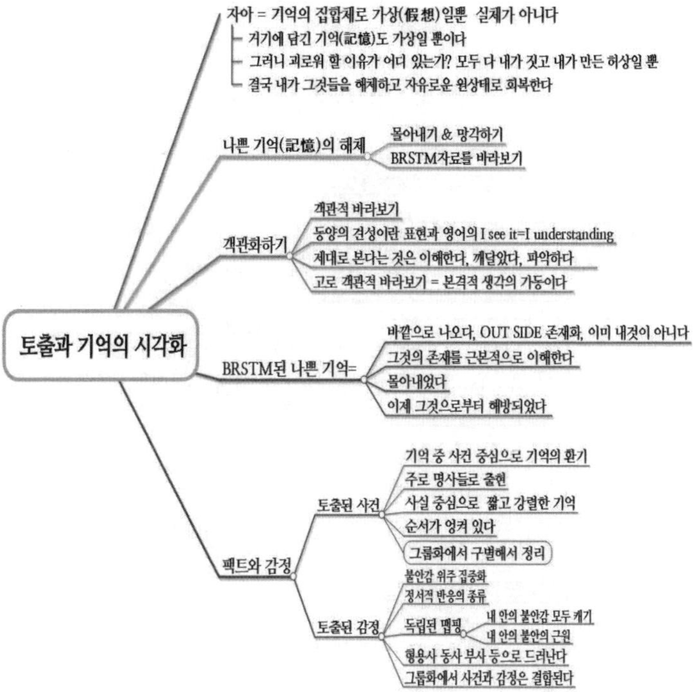

• 2-4. 그룹화의 단계별 진행 가이드: 1차/2차그룹화의 핵심 지침

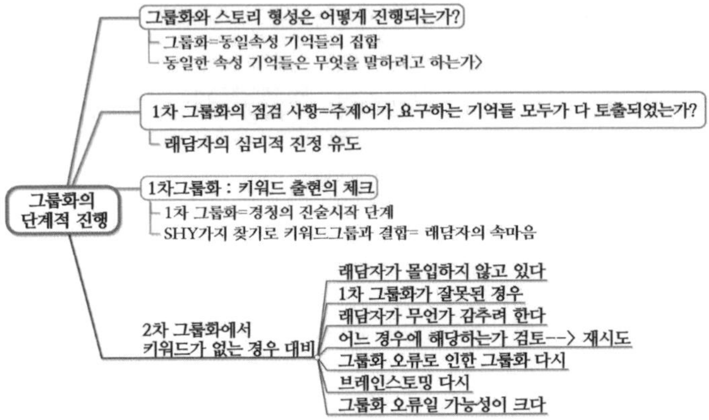

• 2-5. [참고] 토니 부잔의 수제 마인드맵: 사고력지도에서 “심리지도”로의 확장

부록 3. [실전 사례 1] 워밍업: 즐거운 상상

- 3-1. 텍스트 브레인스토밍: 발리섬 신혼여행 계획(목록 나열)

예) 발리섬 신혼여행 계획: 한글 문서로 브레인스토밍
• 경비조달, 여행사방문, 기간, 인도네시아, 호텔, 일정별 여행지, 항공권 예매, 왕복, 가이드? • 스쿠버예약, 인터넷 사이트 비교 검색, 여행사 없이 단체 혹은 개별 출발 • 먹을 것, 안전문제, 화산활동 점검, 소매치기?, 여권복사, 일정별 계획 수립, 캐리어 짐 싸기 • 출발, 1일차, 2일차, 3일차, 4일차, 복귀 • 교통편, 공항까지 픽업, 현지이동, 신혼여행 선물 • 준비물, 여권, 수영복, 샌들, 속옷, 겉옷, 상의, 팬츠, 선글라스, 일회용품, 비상약품, 양말 • 인터넷, 노트북?, 태블릿, 가격비교 • 추억쌓기, 사진관리, 동영상, 폰카로 충분, 캠코더?, 이벤트, 여가활용 • 환전, 일정별 소요 경비, 복귀 시 잔돈처리

• 3-2. 맵 브레인스토밍: 발리섬 신혼여행 계획(이미지화)

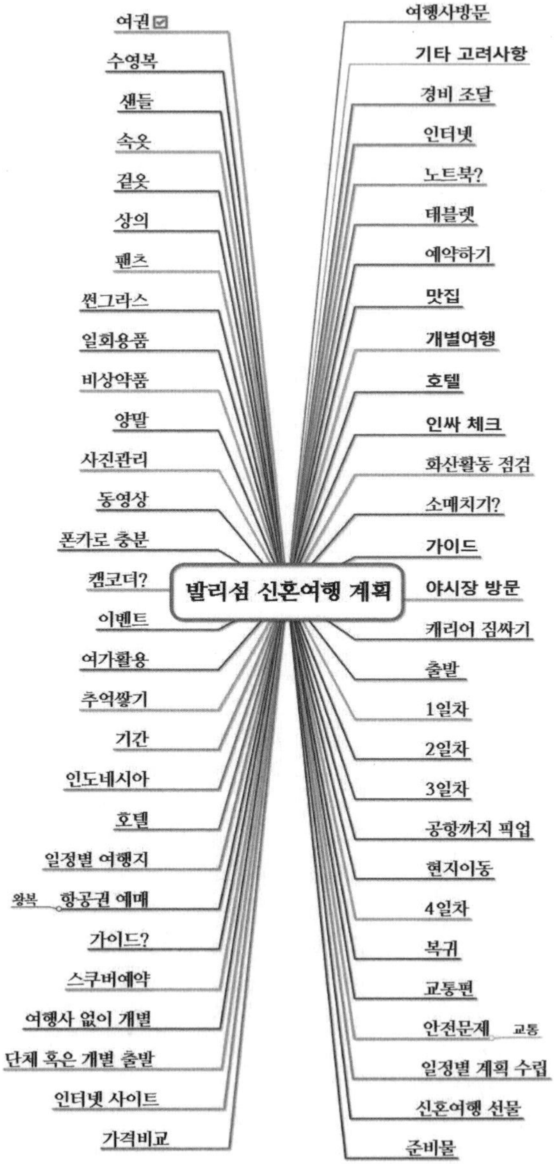

• 3-3. 1차그룹화: 유사 속성 묶기

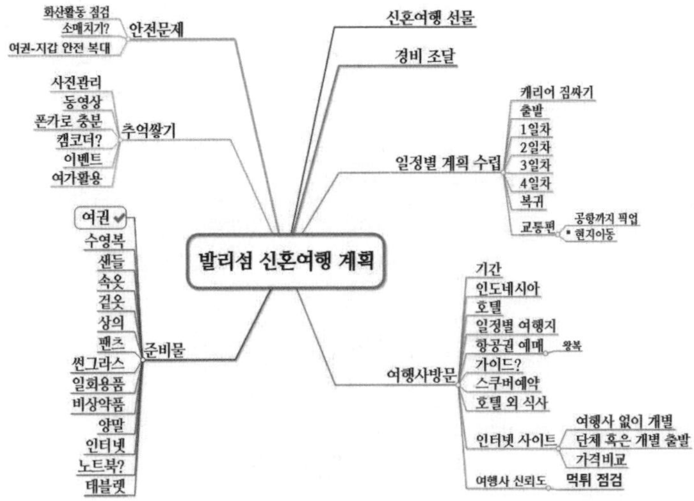

• 3-4. 최종 수정본: 구조화 완료

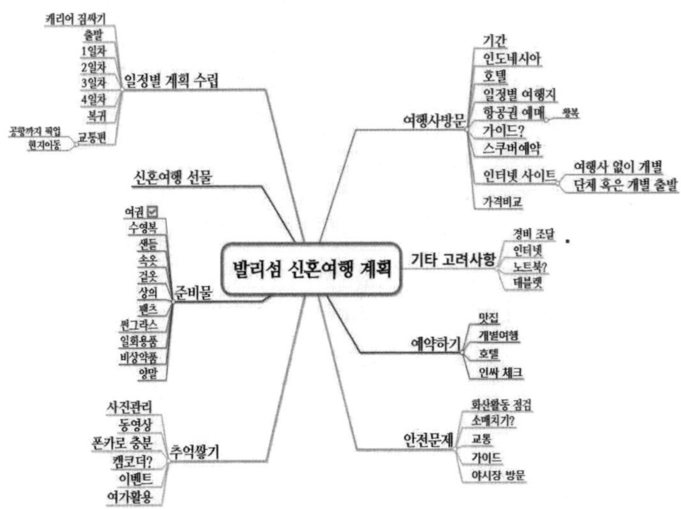

부록 4. [실전 사례 2] 심층 치유: 아버지와 트라우마

• 4-1. 브레인스토밍(토출): [아버지] 주제어(날것의 감정)

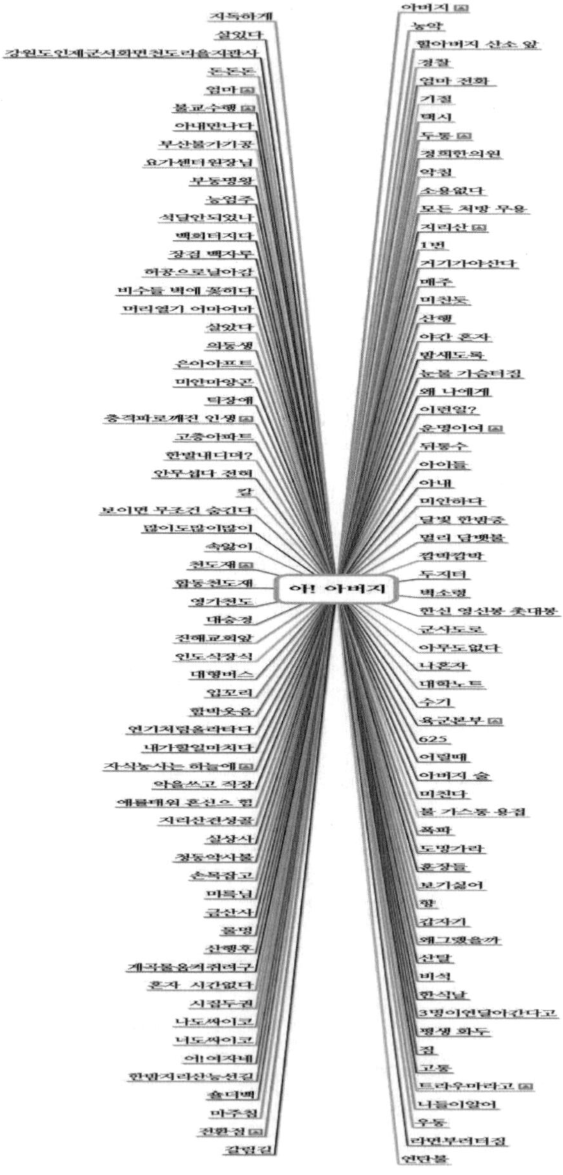

• 4-2. 1차그룹화: 혼돈 속의 질서 찾기

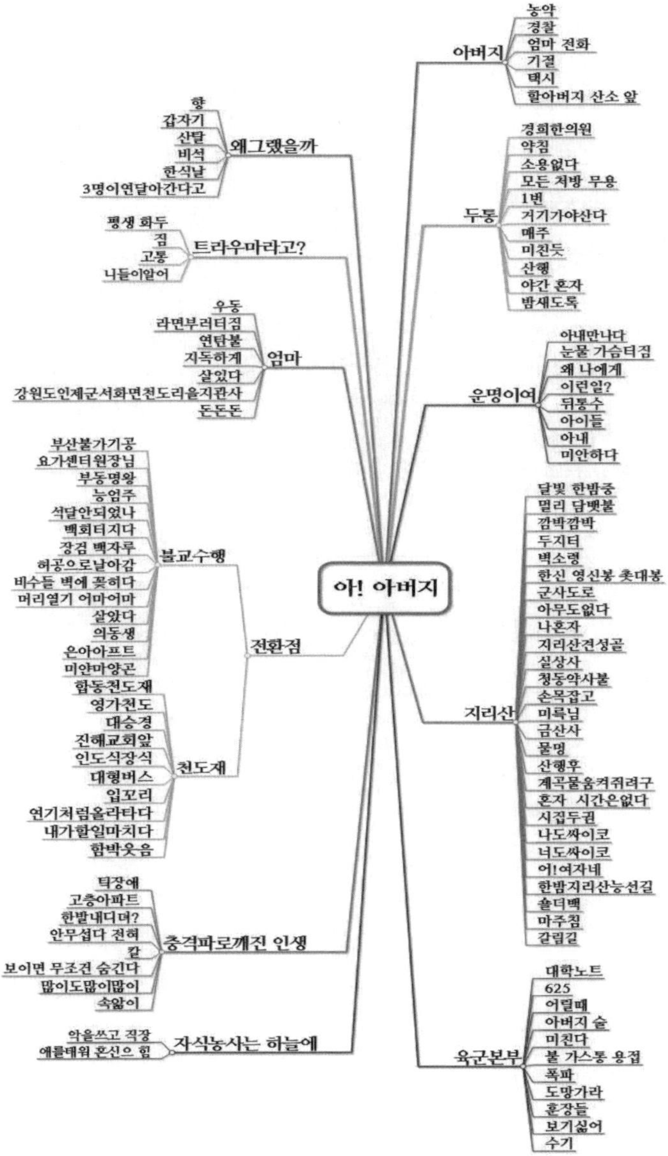

• 4-3. 2차그룹화: 핵심 서사 발견

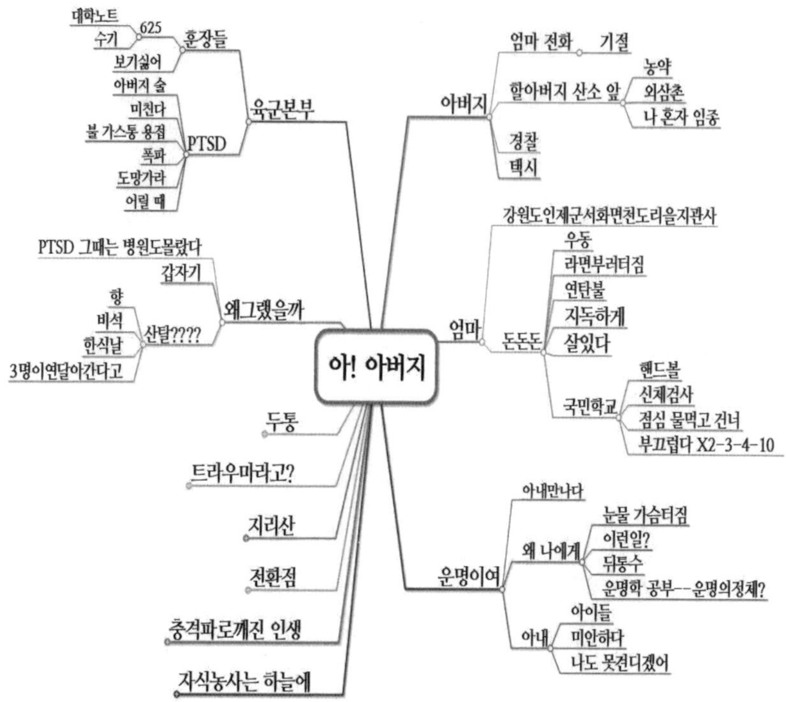

- 4-4. 상세화 단계: 2차그룹화의 심층 분석

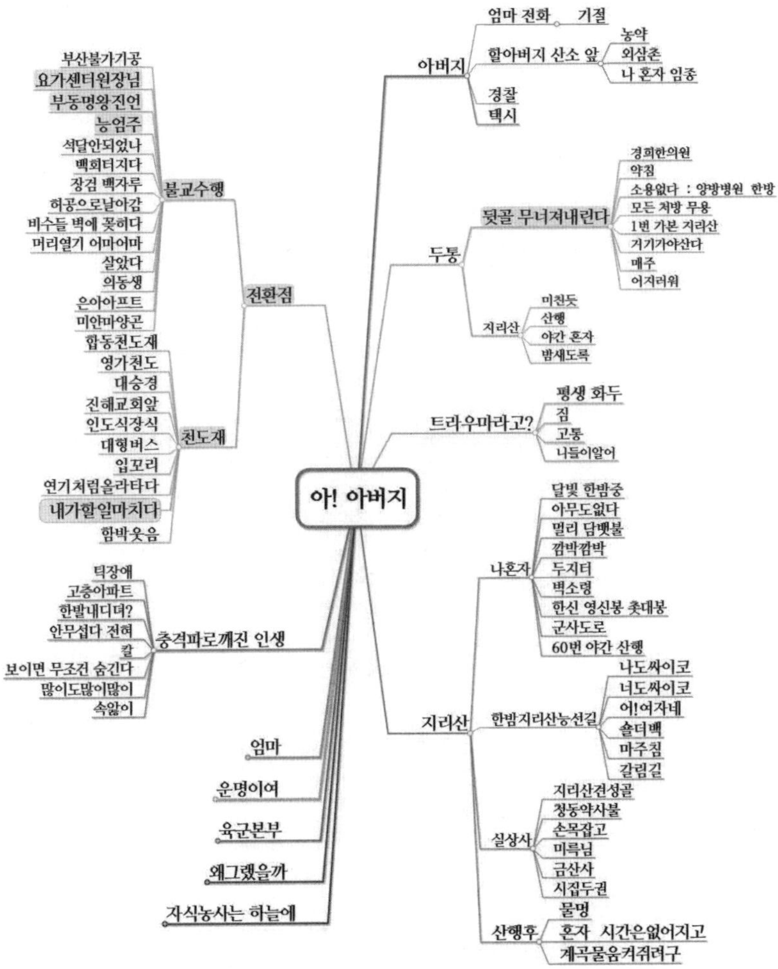

부록 5. [실전 사례 3] 인생 통합: 자서전과 성장의 기록

- 5-1. 브레인스토밍: [어떻게 살아가나?] (전 생애적 토출)

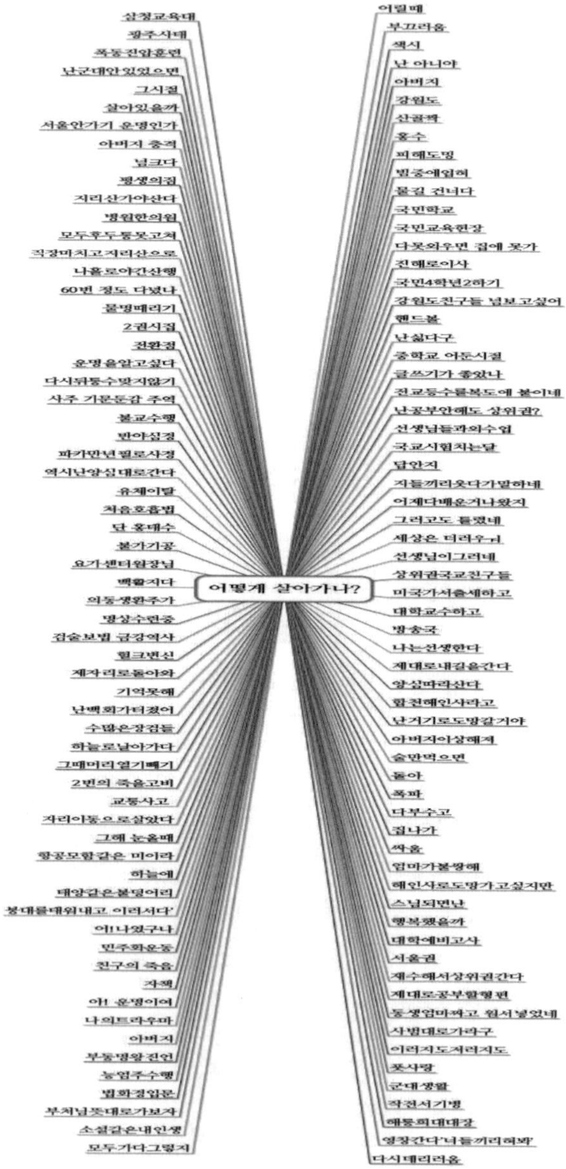

• 5-2. 1차그룹화: 시기별/사건별 정리

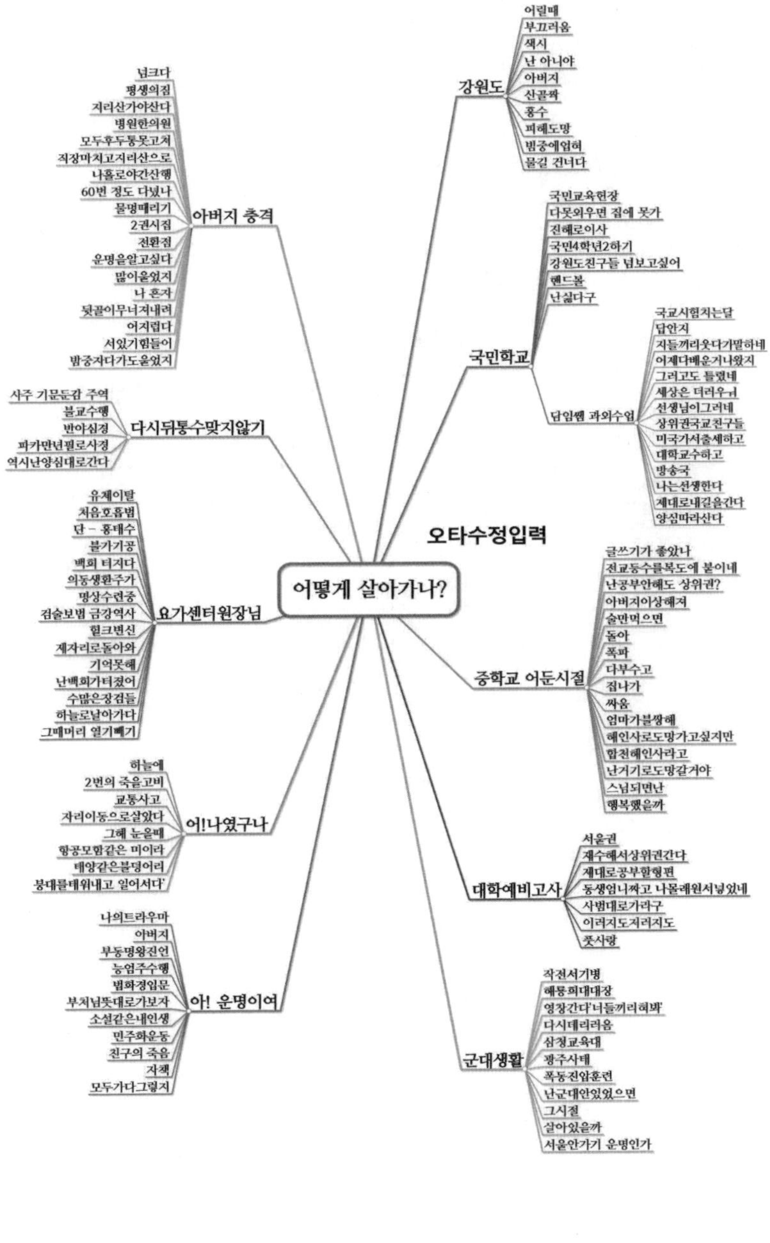

• 5-3. 2차그룹화: 운명과 패턴의 인식

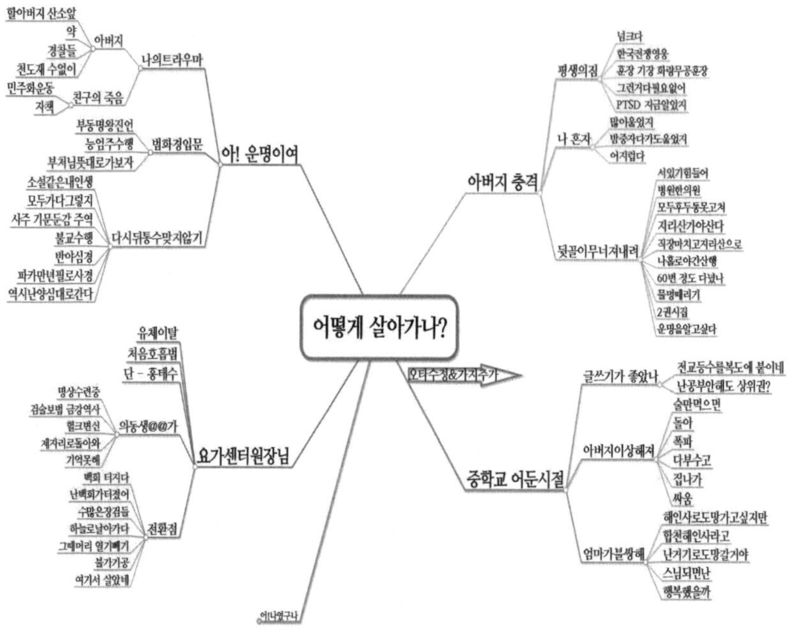

• 5-4. 패턴 바꾸기: 부정적 흐름의 전환 시도(오른쪽 진행형 수정)

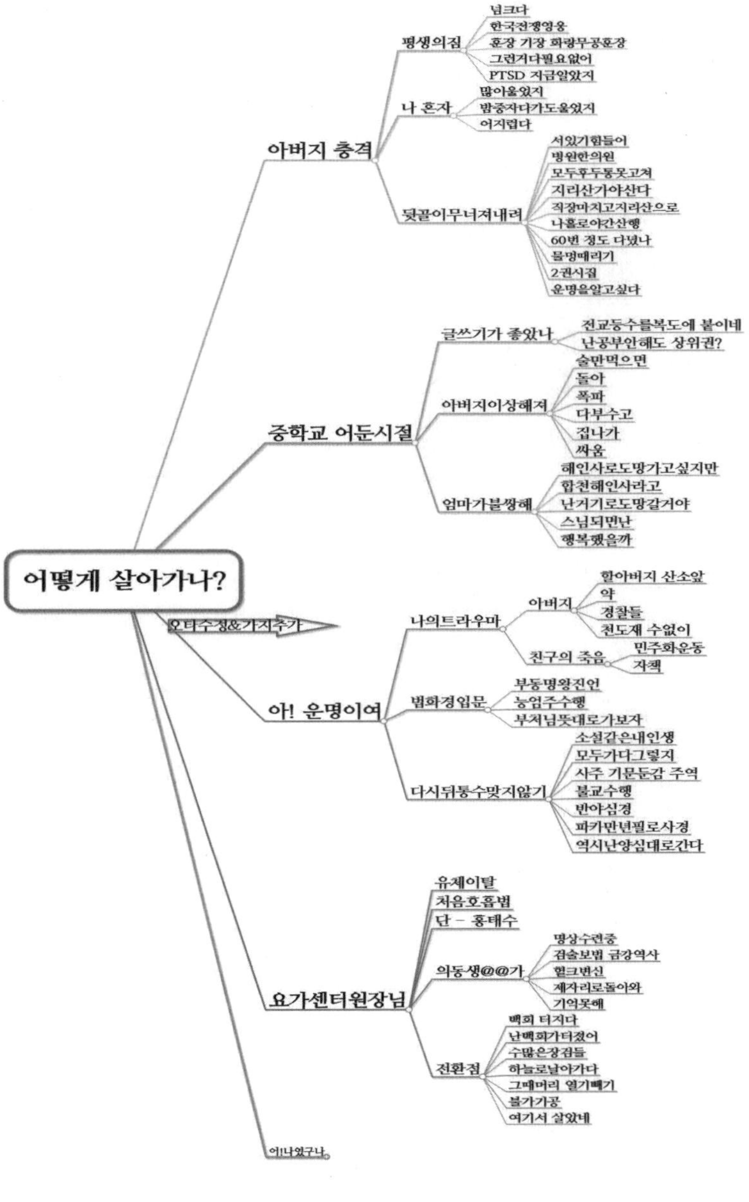

• 5-5. 전환점 찾기 1: 주요 분기점 발견

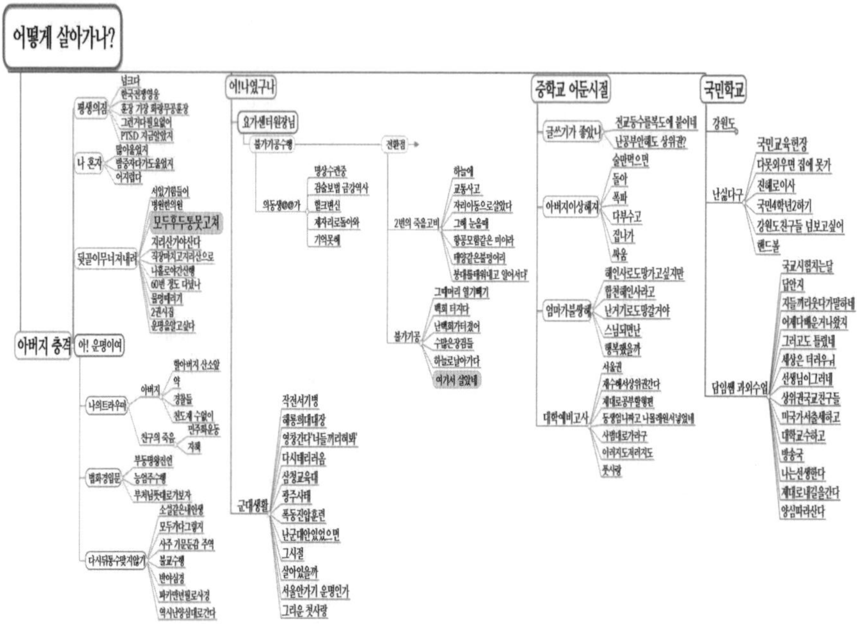

• 5-6. 전환점 찾기 2: 아래쪽 트리로

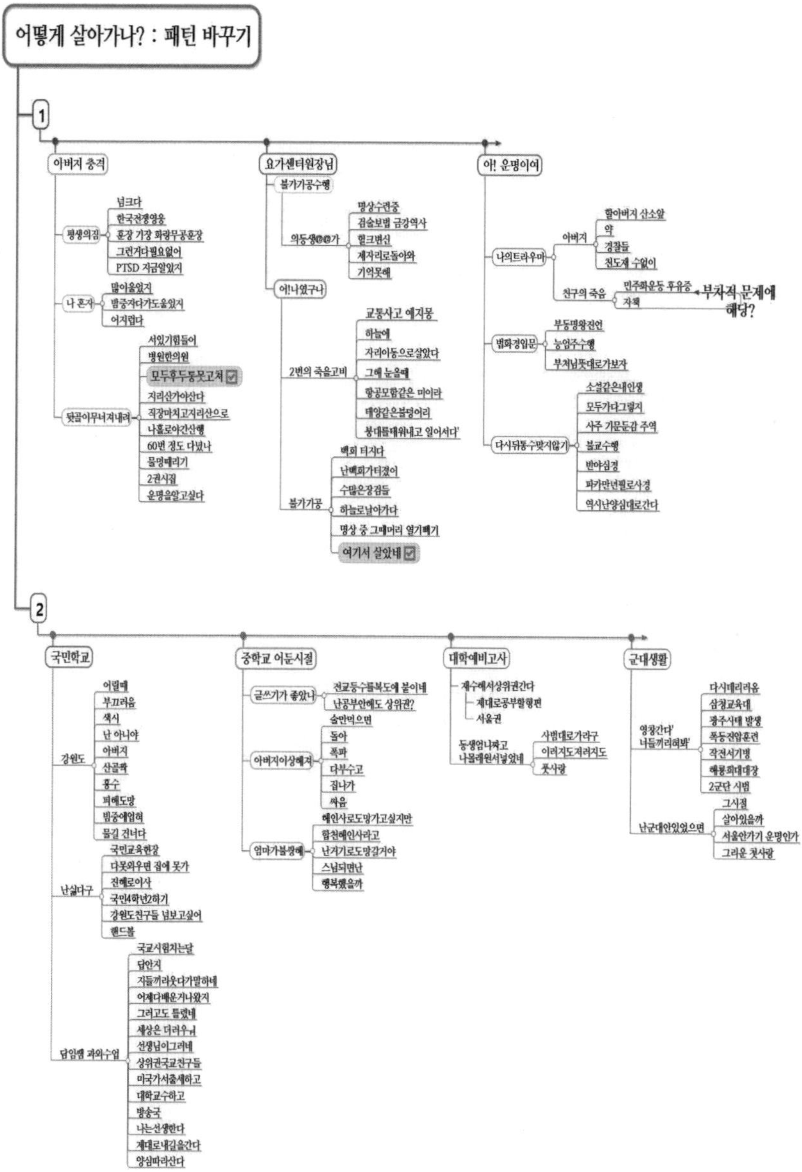

• 5-7. 치유적 글쓰기: 자서전 쓰기를 통한 힐링(최종 통합)

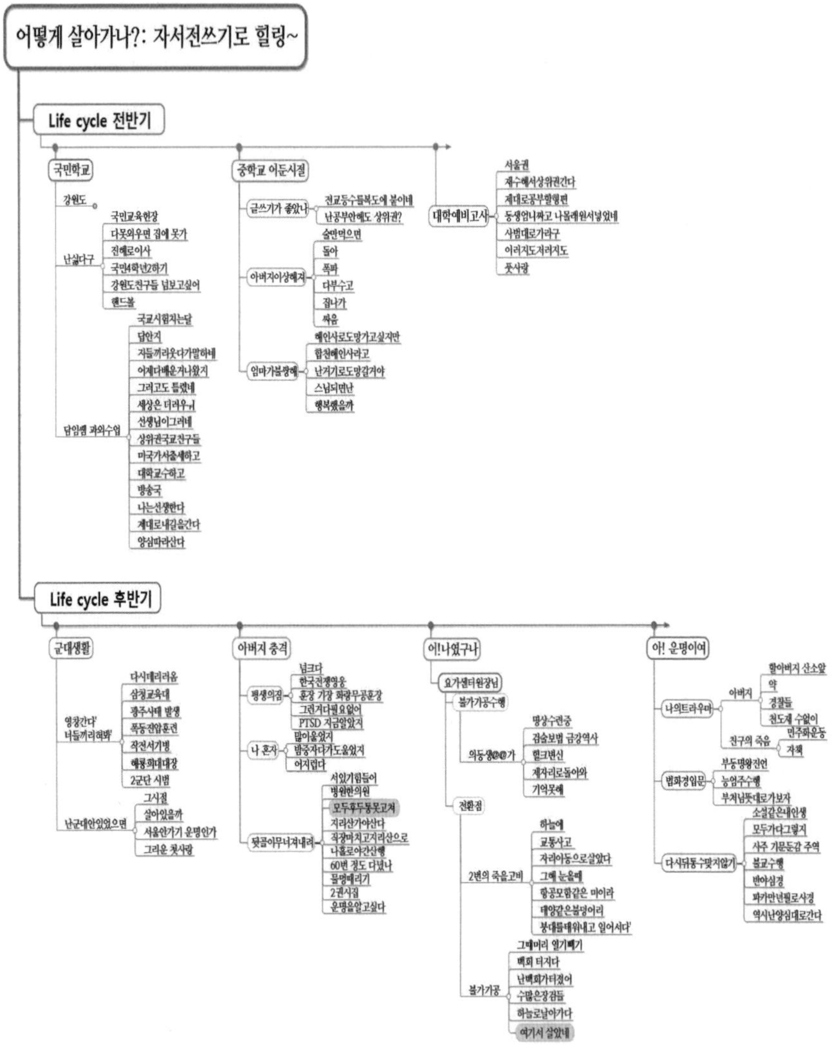

• 5-8. 최종 완성 및 자립

- 내담자의 성장과 자립

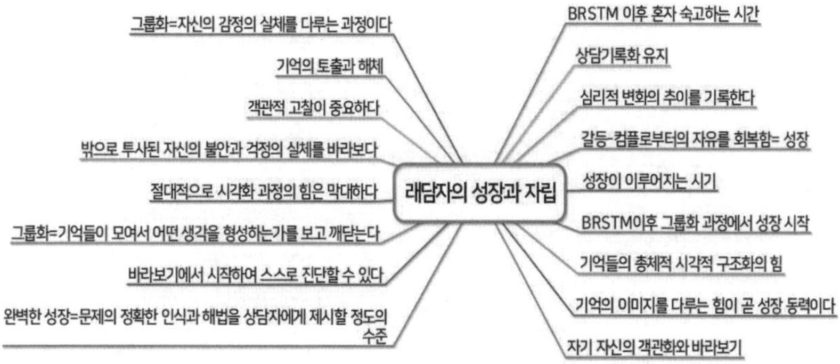

- 셀프 상담

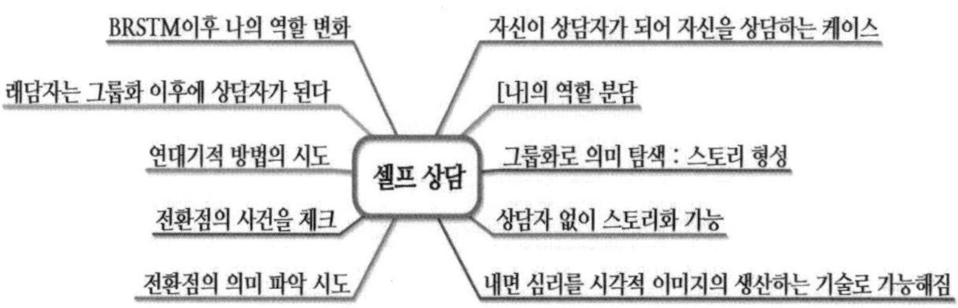

– 내담자 작업안내서

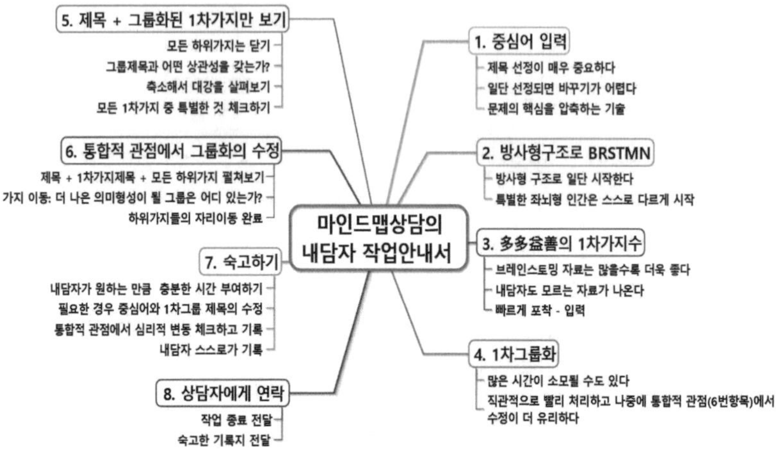
마인드맵상담의 내담자 작업안내서
1. 중심어 입력
제목 선정이 매우 중요하다
일단 선정되면 바꾸기가 어렵다
문제의 핵심을 압축하는 기술
2. 방사형구조로 BRSTMN
방사형 구조로 일단 시작한다
특별한 좌뇌형 인간은 스스로 다르게 시작
3. 多多益善의 1차가지수
브레인스토밍 자료는 많을수록 더욱 좋다
내담자도 모르는 자료가 나온다
빠르게 포착 - 입력
4. 1차그룹화
많은 시간이 소모될 수도 있다
직관적으로 빨리 처리하고 나중에 통합적 관점(6번항목)에서 수정이 더 유리하다
5. 제목 + 그룹화된 1차가지만 보기
모든 하위가지는 닫기
그룹제목과 어떤 상관성을 갖는가?
축소해서 대강을 살펴보기
모든 1차가지 중 특별한 것 체크하기
6. 통합적 관점에서 그룹화의 수정
제목 + 1차가지제목 + 모든 하위가지 펼쳐보기
가지 이동: 더 나은 의미형성이 될 그룹은 어디 있는가?
하위가지들의 자리이동 완료
7. 숙고하기
내담자가 원하는 만큼 충분한 시간 부여하기
필요한 경우 중심어와 1차그룹 제목의 수정
통합적 관점에서 심리적 변동 체크하고 기록
내담자 스스로가 기록
8. 상담자에게 연락
작업 종료 전달
숙고한 기록지 전달

- 통찰과 치유의 글쓰기 1차그룹화 1223

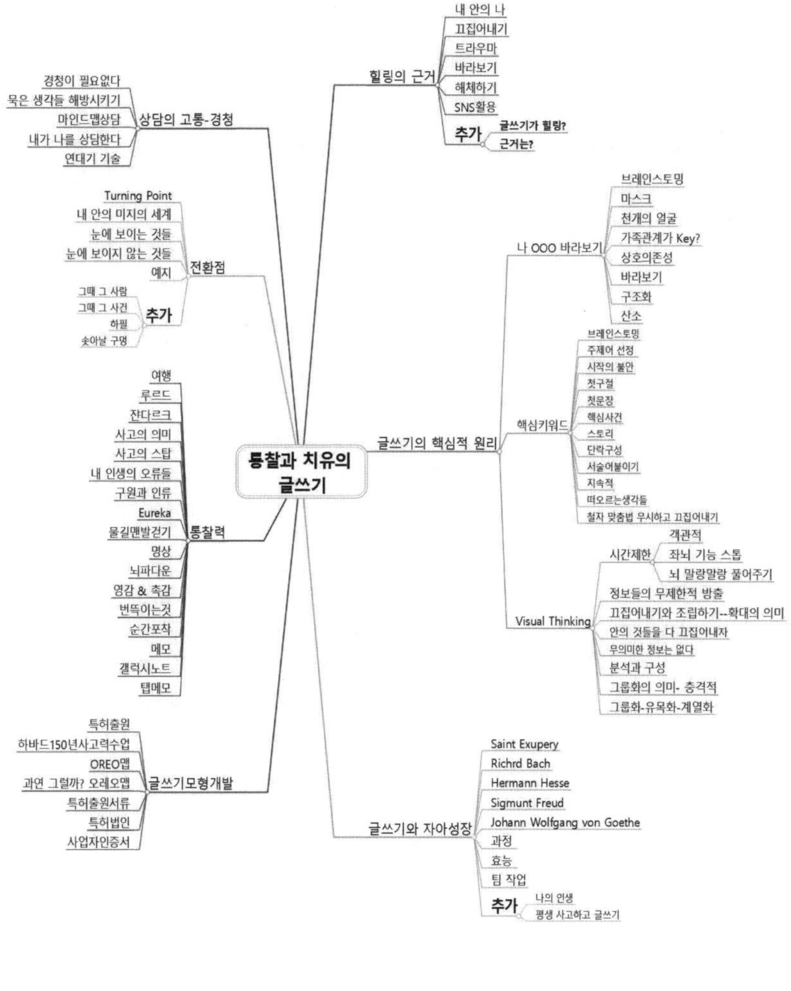

부록 6. [상담사 가이드] 전문가를 위한 내비게이션

- 6-1. 단계별 핵심 역할 및 질문 가이드: 준비/토출/그룹화/상세화/스토리텔링/솔루션 맵 단계별 지침(표)

상담 단계	상담사의 핵심 역할	주요 질문 및 개입(내비게이션)	출처 페이지
1. 준비 단계 (도구와의 라포르)	[가이드 & 안내자] 내담자가 도구를 신뢰하도록 돕고, 평가 없는 안전한 환경을 조성함.	• "나(상담사)를 믿으세요."가 아니라, **"이 과정(프로세스)을 한 번 믿어보세요."**	p.36
		• "모든 마인드매핑 작업의 주체는 당신 자신입니다. 저는 다만 마인드매핑의 가이드와 안내자일 뿐입니다."	p.45
		• "이곳에는 정답도, 오답도 없습니다. 오직 당신의 경험만이 존재할 뿐입니다."	p.46
2. 브레인 스토밍 (토출/휘모리)	[지휘자 & 안전판] 이성(Ego)의 검열을 우회하도록 속도를 독려하고, 저항을 수용함.	• "생각하지 말고 그냥 손가락이 가는 대로 두세요!" (속도 독려)	p.54
		• "괜찮습니다. 생각이 막히는 건 아주 자연스러운 현상이에요." (저항 수용)	p.63
		• "방금 느꼈던 그 감정의 이름('슬픔', '억울함')을 맵에 추가해 보시겠어요?" (감정 객관화)	p.65
		• "만약 지금 당장 다루기 힘든 생각이라면... '나중에 볼 것들'이라는 주차장을 만들어서 잠시 옮겨두는 건 어떨까요?" (주차장 기법)	

상담 단계	상담사의 핵심 역할	주요 질문 및 개입(내비게이션)	출처 페이지
3. 그룹화 (1차/2차)	[의미의 산파 & 동반자] 직접 해석하지 않고, 내담자가 스스로 연결고리를 찾도록 '소크라테스식 질문'을 던짐.	• (주의) "이 가지는 저 그룹보다 이 그룹에 더 어울리는 것 같네요"라고 말해서는 안 됨. • "이 그룹을 보니 어떤 느낌이 드시나요?" • "이 두 그룹에 공통적으로 나타나는 이 단어는 우리에게 무엇을 말해주고 있을까요?" • (내담자가 침묵할 때) 충분히 기다려주며 지지하는 태도 유지	p.82 p.102
4. 상세화(구체화)	[탐사 가이드] 추상적 감정을 오감(五感) 데이터로 바꾸도록 감각적 질문을 던짐.	• "그 '불안감'이라는 그룹을 보면 어떤 구체적인 장면, 소리, 냄새가 떠오르나요?" • "그 장면 속에 당신이 지금 서 있다면 무엇이 보이고 들리나요? 그때 주변의 온도나 바람은 어땠나요?" • "그 '억울함'이라는 감정은 어떤 색깔이나 모양을 하고 있나요? 만약 무게가 있다면 얼마나 무거울까요?" (은유/상징)	p.109 p.110
5. 스토리텔링 (서사 재구성)	[편집자 & 조력자] 인과관계를 재설정하고 새로운 서사를 발견하도록 도움.	• "이 모든 지도의 흐름을 바꾼 가장 결정적인 전환점이 된 사건(그룹)은 무엇인가요?" • "만약 그 순간으로 돌아가 다른 선택을 할 수 있었다면, 그 뒤의 이야기는 어떻게 달라졌을까요?" • "지도에서 보니 '버려짐에 대한 두려움'이라는 주제가 여러 다른 그룹에서도 비슷한 형태로 나타나는 것 같습니다. 어떻게 생각하시나요?" (패턴 인식)	p.111 p.112

상담 단계	상담사의 핵심 역할	주요 질문 및 개입(내비게이션)	출처 페이지
6. 솔루션 맵 (재창조)	[코치 & 현실적 조력자] 비전을 구체화하고, 실행 계획의 현실성을 점검하며 응원함.	• **(비전 캐스팅)** "만약... 완전히 자유로워진다면, 1년 뒤 당신의 하루는 어떤 모습일까요? 아침에 눈을 뜰 때 어떤 기분일지... 최대한 생생하게 그려보세요."	p.115
		• **(역산 설계)** "1년 뒤의 모습을 위해 6개월 뒤에는? ... 오늘 당장 시작할 수 있는 가장 작고 사소한 행동 한 가지는 무엇일까요?"	p.116
		• **(사전 점검)** "이 위대한 계획을 실행하다가 포기하게 된다면, 가장 가능성이 높은 이유는 무엇일까요?"	p.117
		• **(현실 점검)** "그 목표도 정말 멋지지만, 혹시 목표를 반으로 나눠서 시작해 보는 건 어떨까요?"	p.119

이 도표는 상담사가 내담자를 '지시'하거나 '분석'하는 위치에서 내려와, 내담자가 스스로 자신의 마음을 시각화하고 탐험할 수 있도록 돕는 '철저한 조력자 (Facilitator)'의 위치에 있음을 명확히 보여줍니다.

특히 "해석하지 말고 질문하라"는 원칙이 그룹화 및 상세화 단계에서 '소크라테스식 질문'과 '감각적 질문'으로 구체화되어 있는 점이 이 상담 기법의 핵심입니다.

부록 7. [내담자 가이드] 혼자서도 할 수 있는 셀프 워크북

• 7-1. [과거] 나를 찾는 여행: 역사적 심리지도 완성하기

목표: 내면의 혼돈을 객관적인 지도로 시각화하여, 고통의 패턴을 발견하고 〈관찰자〉가 된다.

단계	활동 명칭	내담자의 구체적 활동 지침 (Action)	마음가짐 & 팁
1단계	놀아보기 (워밍업)	• '가고 싶은 여행지'나 '좋아하는 음식'처럼 가벼운 주제를 하나 정해봅니다. • 생각나는 단어들을 화면에 자유롭게 입력하며 도구와 친해집니다.	• 잘하려고 애쓰지 마세요. • 이 도구는 당신을 평가하지 않습니다. 그냥 즐기세요.
2단계	토해내기 (브레인스토밍)	• 나를 괴롭히는 '문제'를 중심 주제어로 적습니다. • '휘모리 장단'처럼 빠르게, 생각나는 단어(명사, 형용사)를 쏟아냅니다. • 문장을 만들려 하지 말고, 짧은 단어로 '툭툭' 던지세요.	• **검열 금지**: "이런 말을 해도 될까?"라는 생각이 들면 그 생각조차 적으세요. • 오타가 나도 고치지 말고 계속 가세요.
3단계	별자리 찾기 (그룹화)	• 흩어진 단어(가지)들을 살펴보고, 비슷한 것끼리 모아봅니다. • 묶인 그룹에 '이름표(제목)'를 붙여봅니다. (예: 아버지, 학교, 불안감)	• 정답은 없습니다. 오직 **당신의 직관**이 정답입니다. • 가지를 이리저리 옮기며 내 마

단계	활동 명칭	내담자의 구체적 활동 지침 (Action)	마음가짐 & 팁
		• 관련 없어 보이는 가지들도 내 느낌대로 연결해 봅니다.	음의 지도를 직접 편집하세요.
4단계	깊이 보기 (상세화)	• 각 그룹을 현미경으로 보듯 들여다봅니다. • 그 당시의 '냄새, 소리, 색깔, 촉감'을 기억해 내어 가지 끝에 추가합니다. • 막연했던 감정에 구체적인 형태를 입혀주세요.	• 기억이 나지 않으면 억지로 짜내지 마세요. • 감정이 격해지면 잠시 모니터를 끄고 심호흡하세요.
5단계	발견하기 (통찰)	• 완성된 지도를 멀리서 바라봅니다 (Zoom-out). • 반복되는 단어나 유독 가지가 많은 '핵심 그룹(진앙지)'을 찾습니다. • "아, 이것들이 이렇게 연결되어 있었구나!" 하는 패턴을 확인합니다.	• 이제 당신은 고통 속에 있는 사람이 아니라, 고통을 바라보는 〈관찰자〉입니다. • 발견한 패턴에 새로운 이름을 붙여주세요.

• 7-2. [미래] 길을 만드는 여행: 문제 해결 솔루션 맵 만들기

목표: 과거의 통찰을 바탕으로 구체적인 미래 비전을 설계하고 실행 가능한 행동계획을 수립한다.

단계	활동 명칭	내담자의 구체적 활동 지침 (Action)	마음가짐 & 팁
1단계	꿈 그리기 (비전 캐스팅)	• 새 맵을 열고 중심에 '내가 원하는 나의 모습'을 적습니다. • 모든 문제가 해결된 1년 뒤의 하루를 상상하며, 구체적인 장면들을 가지로 뻗어 나갑니다. (기분, 표정, 하는 일 등)	• 현실적인 제약은 잠시 잊으세요. • 상상은 구체적일수록 뇌를 강력하게 자극합니다.
2단계	거꾸로 오기 (역산 설계)	• 1년 뒤의 목표를 달성하기 위해 **6개월 뒤, 1달 뒤, 1주일 뒤**에 무엇이 되어 있어야 할지 거꾸로 생각합니다. • 큰 목표를 잘게 쪼개어 내려옵니다.	• 목표가 너무 커 보이면 압도됩니다. • 만만해 보일 때까지 작게 쪼개세요.
3단계	오늘 시작하기 (행동 계획)	• 쪼개진 목표 중 **'오늘 당장'** 할 수 있는 가장 작은 행동 하나를 정합니다. • 예: '친구에게 문자 한 통 보내기', '동네 한 바퀴 걷기'	• 거창한 계획보다 **작은 성공**이 중요합니다. • 실행 후에는 맵에 '성공' 표시를 남기세요.
4단계	보물 찾기 (해법 발견)	• 과거의 '심리지도'를 다시 봅니다. • 힘들었던 시간 속에서도 나	• 해법은 밖에 있지 않습니다. **이미 당신 안에 있는 자원**을 재

단계	활동 명칭	내담자의 구체적 활동 지침 (Action)	마음가짐 & 팁
		를 지탱해 준 '안전지대(사람, 장소, 취미)'를 찾아 솔루션 맵으로 옮겨옵니다. • "그럼에도 불구하고 나는 살아남았다"는 증거를 수집하세요.	발견하는 것입니다. • 당신은 생존자이자 승리자입니다.
5단계	미리 대비하기 (사전 점검)	• 내가 가려는 길을 방해할 장애물(게으름, 두려움, 타인의 시선)을 미리 적어봅니다. • 그 장애물을 만났을 때 어떻게 대처할지 '플랜 B'를 가지 옆에 적어둡니다.	• 실패를 두려워하지 마세요. • 장애물은 피하는 것이 아니라 **넘을 준비**를 하는 것입니다.

참고문헌

1. Scott L. Rauch, Bessel A. van der Kolk, et al., "A symptom provocation study of posttraumatic stress disorder using positron emission tomography and script-driven imagery," Archives of General Psychiatry 53, no. 5 (1996): 380-387.
2. Bessel A. van der Kolk, "The body keeps the score: memory and the evolving psychobiology of posttraumatic stress," Harvard Review of Psychiatry 1, no. 5 (1994): 253-265.
3. Tony Buzan and Barry Buzan, The Mind Map Book, (London: BBC Books, 1993).
4. 세친(世親) 지음, 현장(玄奘) 한역, 김묘주 번역, 『유식삼십송』 (경서원, 2004).
5. 이중표, 『유식사상』 (민족사, 2007).
6. Robert N. Butler, The New Love and Sex After 60 (New York: Ballantine Books, 2006).
7. Albert Bandura, Self-Efficacy: The Exercise of Control (New York: W. H. Freeman, 1997).

저자 약력

김민수: 법명 묘광(妙光)

- 경남 진해 출생
- 문학박사(수료)
- 창원대, 경남대 등 강사 역임
- 교사 명예퇴임
- 시인: 시집 2권 출간
- 가피 제일 표준 관세음보살보문품 출간
- 현재 본주(本主) 전기 연구 중

경청 없는 마인드맵 상담

2026년 1월 10일 1판 1쇄 인쇄
2026년 1월 20일 1판 1쇄 발행

저 자 : 김 민 수
발행자 : 한 정 주
발행처 : 교육과학사

저자와의 협의하에 인지생략

경기도 파주시 광인사길 71
전화(031)955-6956~8/팩스(031)955-6037
Home-page: www.kyoyookbook.co.kr
E-mail: kyoyookbook@daum.net
등록: 1970년 5월 18일 제2-73호

낙장・파본은 교환해 드립니다.
Printed in Korea.

정가 15,000원
ISBN 978-89-254-1960-2